90日間で
世界のどこでも
働ける人になる！

グローバルビジネスコンサルタント
白藤 香

はじめに

世界のどこでも働ける人には、「根拠のない自信」がある

〝90日間で海外のどこでも働けるようになる〟

このタイトルを見て、どう思われましたか？

実はこのタイトルに「できる」と思うか、「できない」と思うかで、海外で働ける人とそうでない人の選別がはじまっているといっても過言ではありません。**「できる」と信じる気持ちが、世界のどこでも働ける人のキーワード**だと思います。

私自身、はじめて海外に出るとき、根拠のない自信を持っていました。

英語も未熟で、専門知識があるわけでもありません。

知り合いのいない海外に出るということは、ゼロから自分で運命を切り拓いていくということ。頼れるのは自分自身だけ。

でも、なぜか「できる」と思っていました。

それは、**「海外で働きたい」という強い気持ちがあったから**です。

海外で出会う人たちはいつも、性別や家柄、国境といったすべての垣根を越え、自由に働き、世界を駆けめぐる活動をしていました。

そのうち、「自分もそうなりたい」という気持ちがあふれていきました。その強い気持ちが、私をグローバルビジネスに連れて来てくれたと言っても過言ではありません。

以来、約30年間、アメリカ、欧州、アジア、インド、アラブ諸国など様々な国々をフィールドに、数々のグローバル企業でビジネスに携わり続けています。

特に企業の海外進出を支えながら、国内外両方の立場で様々な企業の変遷、時代の移り変わりを間近に見続けています。

海外で働く第一歩は、世界の常識を知ることからはじまる

2015年3月17日、政府の対日直接投資推進会議において、今後重点的に取り組む事項として「外国企業の日本への誘致に向けた5つの約束」が決定されました。「日本政府としては、新規投資を検討中の外国企業に、ぜひ輝きを取り戻した日本を選んでいただく」と宣言しています。

近い将来、日本にいながらにして、様々な国籍の同僚や取引先の人たちとグローバルなビジネスを展開することが当たり前の時代が間もなくやってきます。

ところが、私が日々、海外でビジネスをする中で感じるのは、せっかく海外に出ても、中途半端なままでいる人たちがあまりにも多いということ。特に日本人は、考えすぎて動けずにいる人が少なくありません。海外に身を置いても、日本にいるときと同じ行動をくり返しているのです。

しかし、それでは刻一刻と流れるマーケットに対応できません。

世界のどこでも働けるようになるためには、

自分で考え、動く力が必要なのです。

そのひとつのカギが、世界の常識・非常識を知ることです。日本と海外とでは、考え方・接し方・仕事の進め方など、何から何まで異なります。それを知ることで、国内にいながら海外で働く準備ができます。世界のスタンダードな常識を身につけることで、苦難を乗り越える胆力が身につき、成功をつかみ取ることができると信じています。

本書を通じて、一人でも多くの方が実際に海外で働き、活躍していただければ、うれしく思います。

白藤　香

2015年8月

目次

第1章　90日間で、世界に通用する人になる！

第2章 海外に行く前に習得しておきたい9つの習慣

第3章 世界で活躍する人がやっているコミュニケーション

第4章 世界で活躍する人がやっている仕事の進め方

第5章 海外に行く前に身につけておきたい教養

第6章 海外でマネジメントする立場になったら

第7章 世界の人とうまくつき合うためのマナーとタブー

※本書は２０１２年10月に弊社より発売した『さあ、海外で働こう！』の内容を大幅にリニューアルし刊行したものです。

カバーデザイン　BLUE DESIGN COMPANY
本文デザイン　五十嵐たかし（Dogs Inc.）
飯富杏奈（Dogs Inc.）
DTP　横内俊彦
編集協力　成田真理

第1章

90日間で、世界に通用する人になる！

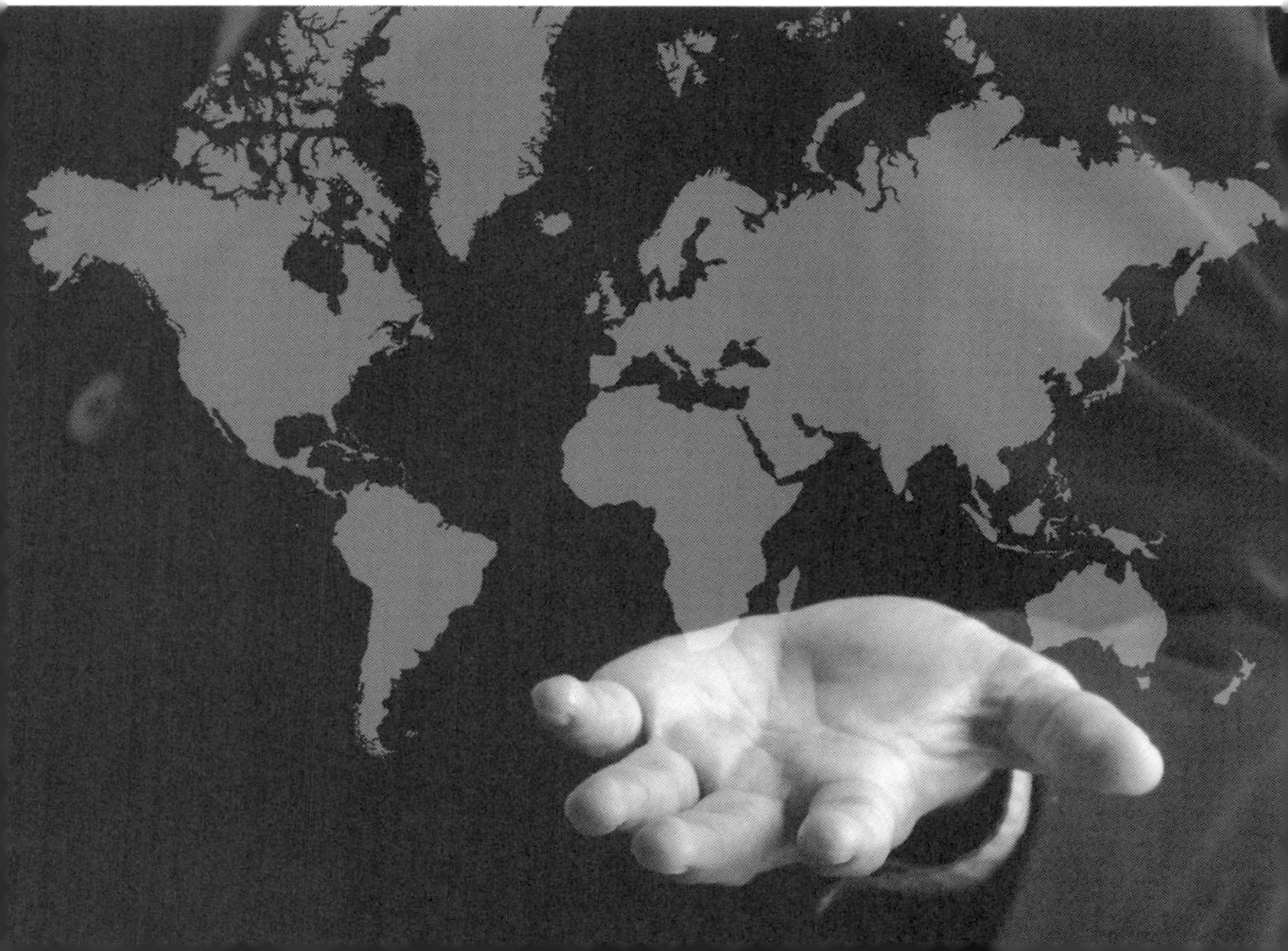

01 海外に出る前に身につけておきたい4つのスキル

相手との溝は「言葉」が埋めてくれる

今の時代、自分の志向やスキルに関係なく、身を置く環境がいつの間にかグローバル化しているというケースは多いと思います。海外展開している企業に勤めている場合、海外赴任の辞令を受けることがあり得ますし、買収や吸収合併などで、ある日突然、勤務先が外資系企業に変わったり、経営陣が日本人から外国人に変わるケースも珍しくありません。今や「同僚や上司が外国人」というのは当たり前のことなのです。

そこで、グローバルビジネスに携わることを想定し、最低限身につけておきたいスキルを押さえておきましょう。主に次の4つに集約されます。

1　語学力（英語）
2　コミュニケーション
3　キャリアアップ志向
4　仕事の型（基本）

この項では、その中でも最も重要な語学力についてお話しします。

私はこれまで約30年間、グローバルビジネスに取り組んできました。その中で感じるのは、「**自分も相手もプロの職業人である**」という意識を持ち、お互いをリスペクトするところからスタートすれば、相手との間にある溝は十分埋められるということです。そのための重要なツールとなるのが、語学力です。

現在、世界各地でグローバル化がますます急速に進んでおり、英語に代表される汎用性の高い言語を話せないと、まるで仕事にはなりません。また、世界で働く中国・インドなどのアジア系ビジネスパーソンの大半は、英語を流暢に話します。世界各国の人たちとも互角に仕事をしているため、日本人が同じようにできないと、「なぜできないの？」という見方をされます。

まずは「死なない程度」の英語力を

では、「英語が最低限できる」というのは、どのレベルなのでしょうか。

米・仏への進出を19歳で成し遂げた女優の杏《あん》が、テレビ番組でこう述べていました。「私は、フランス語は死なない程度に話せます」。この「死なない程度」というのが、まさに最低限の語学レベルの基準になると私は考えています。

中学で学んだ英語の教科書を思い浮かべてみてください。自己紹介など、コミュニケーションの入口となる言い回しからはじまり、5W1Hを使った会話法、時制などについて順に学んでいきます。これこそが、海外で生活するために最低限必要なレベルなのです。

ただし、自分の話を相手に伝えられたとしても、相手の英語を聞き取り、理解できるようにならなければ、「対話」は成立しません。

さらに日本人の英語は、相手には聞き取りにくいという欠点もあります。**英語がアクセントや強弱をつけて話すことではじめて通じる言語**だということを意識する必要があります。

では、具体的にどのようにして練習すればいいのでしょうか。

英語の雑誌、特に**ビジネス誌を定期購読し、少しずつでも継続して読破すること**です。そして文章を頭の中で音読するように黙読します。その際、もし声に出して読むならどのようにアクセントや強弱をつけるか、文字を目で追いながら読むようにします。そうすることで、音読の練習をするのと同じ効果が表れます。そして、実際に声に出して英語を話す際にも、アクセントや強弱がつけられるようになります。

相手が聞き取れる英語を話せるようになると、自然に相手の英語も聞き取れるようになっていき、楽しみながら学べるようになります。

02

語彙力がないと通用しない

TOEICはまず500点台取得を目指そう

早くから海外進出を行なってきた企業では、英語力が昇格の大きな条件となっています。日本企業の場合も、TOEICがひとつの基準となっています。これには、「読む・書く・聞く・話す」の中で、英語を「聞く」「読む」能力の高さに重点を置いているという特徴があります。

では、TOEICの点数はだいたいどのくらいを目指すべきなのでしょうか。

500〜600点台は旅行英会話レベル。メールで何とか英文が打てる程度です。700点台は、相手の話の7〜8割は理解できるレベルですが、自分の言いたいことを十分に言えず、ビジネスの場では物足りないことが多々あります。８００点台になると、英語を聞く力が安定してきます。日本語と同じように英語で対話できるレベルです。

先ほどの項目でお伝えしましたが、「死なない程度」に何とか生活するには中学英語さえしっかり身につけていればこと足ります。ＴＯＥＩＣで言うなら５００点台です。しかし欧米に出て行き、企画職や管理職として仕事をするなら、７００点台は目指したいところです。

日本企業の多くは、グローバルビジネスに携わるメンバーの基準点を７００点前後に設定しています。それだけの 点数があれば、アジア、あるいは欧米などの現場で不自由なくコミュニケーションが取れるだろうという観点からです。

一方海外には、もっと厳しい語学力を要求される企業もあります。

たとえばグローバル人材育成に力を入れる中国企業の中には、海外戦略に携わる社員のほとんどが当たり前に英語を話すというところもあります。また新入社員には海外留学経験者を採用し、欧米の大卒レベルを要求する企業も増えているほどです。

コミュニケーションは「語彙力」がカギ

ＴＯＥＩＣの点数が高いのはいいのですが、このＴＯＥＩＣの点数だけで海外赴任に任命された人は、海外で働く際、大きな壁にぶつかることもあります。実際、日本の大手企業ではさまざまな弊害が生じています。

そこで私が提唱しているのは、職務内容に応じて利用頻度の高い「語彙《ごい》」を選定し、それを用いた学習を重点的に行なう速習法です。

「語彙力」は、相手に自分の言いたいことを伝えるために不可欠です。日本語で表現するのと同じ数だけの単語を知っていれば自分の言いたいことを不自由なく表現できますが、そのレベルにまで達するには、一定の時間がかかります。最低限の意志伝達を行なうには中学英語で十分なのですから、そこに職務遂行に必要な語彙力をプラスすれば、ＴＯＥＩＣの点数に縛られることなく海外でも仕事ができます。

英語力が身についてきたら、学習の目標をＴＯＥＦＬに切り替えていくことをおすすめします。ＴＯＥＩＣが英語の聞き取りに重点を置いたテストなのに対し、ＴＯＥＦＬは、語彙力に重きを置いたテストだからです。

単語を数多く知っていればいるほど、新聞を読んでも、テレビを見ても、人と会話しても、重要な情報を取りこぼしなく吸収できます。海外では情報収集がビジネスの基本ですから、それを不自由なくできるだけの語彙力を持っていると強力な武器になります。

これから海外で仕事をするなら、最終的には欧米の大学を卒業したビジネスパーソンと互角にわたり合うだけの力を身につけてほしいと思います。

別の項でも詳しくお話ししますが、語彙力こそが、論理的に相手を説得する際に、大きな威力を発揮します。

03

「何のための時間」なのか自問自答する

目的なきアポに未来はない

続いてこの項目では、「グローバルビジネスに必要な4つのスキル」のうち、2の「コミュニケーション」についてお伝えします。

海外で仕事をする際、取引先に連絡し、アポイントメントを取ることがあると思います。その際、注意すべきは、**相手に必ず会う目的を伝えること**です。そして、アポ当日までに、ある程度の情報をメールなどで送っておきます。

日本で仕事をすると驚くのは、アポを申し込む側も、受け容れる側も、会う目的を明確にしようとしないことです。目的が不明確なままでは、お互い何の

図1　海外で仕事をする時の注意点

アポを取るとき

必ず会う目的を相手に伝える

目的を明確にすることで、時間を有効に使うことを意識する

実際に会うとき

1. 自己紹介をする
2. 事業内容や戦略、ＩＲ情報などを提供する
3. 自社と仕事をするとどんな点がプラスになるのかを提案する

ために時間を作っているのかわかりません。時間のムダになってしまいます。

欧米はもちろん、中国、インド、ベトナムといったアジア圏の国々でも、アポを取る際には、目的をクリアにした状態で臨みます。

実際に顔を合わせたら、まず互いに自己紹介します。提案に応じる側は自社の最新の事業内容や戦略、ＩＲ情報などを提供します。また提案する側も、その方向性をつかんだうえで、相手のどんな点にプラスになる提案ができるのかを説明するのです。

このように初回から、互いに取引をするメリットが十分にあることを確認し合い、具体的な商談を進めていくという方法を取るのが常です。

一方、日本では、ただ一方的に相手の提案を聞くだけというスタイルも当たり前のように見受けられます。

おそらく、日本人同士のコミュニケーションは、言葉で多くを語らなくても何でも伝わるという考えが根本にあるので、コミュニケーションを創り上げていく意識が低いのではないかと思います。

ところが、グローバルスタンダードのビジネスコミュニケーションは効率重視ですから、日本人のこうした商談のやり方は通用しません。どんな情報を提供し合えば商談が効率よく進められるのかを、十分に考える必要があります。

元気な企業ほど、積極的に商談をしている

私がグローバルビジネスに取り組む中で感じるのは、世界市場で活躍する元気な企業ほど、いろいろな企業と商談をして多様な考え方を取り入れたり、積極的に提携を結ぼうとしているということです。

その前提には、「自分たちのビジネスインフラは現状ではまだベストではない」という考えがあります。だからこそ、これから新しい人脈やネットワークによって新しいビジネスモデルを築いていこうという貪欲さが生まれるのです。常に変化を続け、世界市場で強さを維持し、生き残っていくためには、多様な人々とのコミュニケーションが欠かせません。

04 ゼネラリストではなくスペシャリストであれ

海外では「企業名」ではなく個人の実績をPRする

「あなたの職業は何ですか」と聞かれたら、あなたは何と答えますか？

これは、海外では定番の質問です。日本人の多くが、この質問に「会社員です」と答えるのではないでしょうか。

しかし、「会社員」という職業は、グローバル市場には存在しません。

海外では、ジョブ・ディスクリプション（職務明細）によって一人ひとりの職域がはっきりと決められています。賃金報酬も、それに応じて決められているのが一般的です。ですから職業とは、「自分が何の知識と経験を持ち、何ができるのか」ということを具体的に示せる呼び名でなければ意味がないのです。

海外の企業あるいは外資系企業に勤務し、そこで自分のキャリアを切り拓いていくには、強い職業意識を持つことです。常に、「自分の職業は経営コンサルタントです」などとはっきり言えるようにしておく必要があります。「グローバルビジネスに必要な4つのスキル」の3つ目である「キャリアアップ志向」は、この職業意識があることから生まれます。

転職をする際も、たとえどれほど名の通った企業に勤めていたところで、個人としての実績が乏しければ採用はされません。ですから、自分の専門知識やこれまでの経験と実績をしっかりとアピールすることが必須条件です。

私は若い頃、日本の大手グループ企業に勤めていました。所属部署は戦略資材部と言って、グループ内企業のために世界市場から資材を調達する仕事でした。

企業の資材部門といえば、「コストセンター」という位置づけで、収益に直結しないと考えられています。

一方で、労働市場における市場価値を上げるには、「プロフィットセンター」での実績が必要となります。「プロフィットセンター」とは、具体的にはマーケティングやセールスといった収益に直結する部門を指します。

労働市場で転職の機会を多く得るためには、この「プロフィットセンター」で職業に就く必要がありました。そのためにどうすべきなのかを、当時の私は常に考えていました。そこで、資材を海外で戦略的に調達するだけでなく、グループ企業への営業にも力を入れて新しい案件を取ってくることで、自身の営業力を鍛えていきました。

並行してマーケティングの勉強もしました。仕事帰りに大学の夜間コースを受講し、マーケティングの専門知識を磨いていったのです。

こうした努力の結果、次の転職先であるアメリカの通信会社に念願のマーケッターとして採用され、自分の職業を確立することができました。それが、今のコンサルタントという職業につながっています。

自分のなりたい職業に的を絞る

グローバルビジネスで求められる人材になるためには、**早い段階から自分のキャリアプランを持つことが重要**です。勤務先が個人のキャリア形成まで面倒を見てくれるとは限りません。**収益を上げる人材になるために何を学び、そのためにどんな仕事をしていくべきかを常に考えていく必要があります**。

グローバル企業では、様々な国籍のメンバー同士が仕事の機会を獲得しようと競争しているので、キャリアの実現は並大抵のことではありません。現代のグローバル市場で活躍しているのは、会社員であっても、プロフェッショナルと呼ぶにふさわしい奥深い知識と経験とを兼ね備えた人材です。

あなたもこのような人材を目指すなら、自分の職業を何にするのか的を絞り、その分野でのプロフェッショナルを目指すことからはじめましょう。

05

「どこに所属するか」より「どう動くか」

海外のどこでも生きていく力を身につけるために

日本のビジネスに対する考え方、組織のあり方には、グローバルな視点で見ると独自性が強いと感じる特徴があります。世界の多くの国々のように他国と陸続きではないため、日本は日頃から世界の企業とビジネスをしている感覚が湧きにくい側面があります。そのような環境で10年間同じビジネスに取り組んでしまったら、いつの間にかその感覚に染まってしまいます。

海外に行って同じスタイルでビジネスをしようとしても、現地のビジネススタイルとは折り合いがつかず、うまくいきません。いくら10年選手でも、新人と変わらない働き方しかできないのです。

ところが20代で海外に出ると、仕事の基礎を確立する途上ということもあり、自分なりの仕事のスタイルを身につけていくことが可能になります。

私が日本企業のグローバル人材育成コンサルティングを行なう際、若手を早めに海外の現場に出すように言うのは、そのほうがスピーディーに、海外で勝負できる人材に育てられるからです。

現在、新入社員研修の一環として、社員を海外に赴任させて現地でビジネスを経験させる企業が増えました。しかし、数ヶ月の研修プログラムが終了すると国内の支店に配属させるなど、海外経験を全く活かせない仕事に就かせるケースが目立ちます。それでは、海外で勝負する能力は身につきません。

では、「海外で働く新人」に必要な力とは何でしょうか。

それは「**自分で考え、自分で動く**」ということです。

欧米のビジネスパーソンは、海外出張で現地に入ると、自主的にいろいろなところに出掛けて情報を集め、ビジネスの種をキャッチします。そしてキーパーソンに片っ端からアポを取り、並行して自分の勤務する企業の経営者に「今度ここに営業を仕掛けたい」という企画提案を上げていきます。

日本人の場合は、ここまで考えることはできても、なかなか動けずにタイミングを逸することが多いようです。

海外で仕事をするなら、このように「自分で考え、自分で行動する」ことを実践してください。結果が出せるかどうか、すべてはそこからはじまります。たとえ30代以上でも、新人らしいまっさらな気持ちで「自分で考え、自分で行動する」ことを心掛ければ、きっとうまくいきます。

今やプレゼンテーションの代名詞となったＴＥＤのカンファレンスで、ザック・エブラヒムという人物がプレゼンしているのを見たことがあります。

彼の父親は１９９３年、世界貿易センタービル爆破事件に、イスラム原理主義のテロ集団の一員として関与し、逮捕された人物です。そして彼もまた、子どもの頃からイスラム原理主義の教義を教え込まれて育ちました。学校にはなじめず、いつもいじめられていて、ひとりぼっちで過ごしていたそうです。

そんな彼でしたが、全国学生議会でユダヤ人と交流したり、ゲイのパフォーマーと一緒に仕事をする中で、自分を取り巻く偏ったイデオロギーや憎しみが、最初から宗教や人種に備わっているものではないことを知ります。

今、彼は数々の偏見に立ち向かい、「旅行」という形で国家間の誤解やまちがった認識を取り去る活動を行なっています。

彼のプレゼンを聴いていると、**人の生き方は、所属先やバックボーンなどでは決められない**ということがよくわかります。大切なのは、あなた自身がグローバルビジネスに対してどんな目標を持ち、どれだけ自分で考え、どれだけ動くのかということです。行動ひとつで、手にする未来は変えられます。

06
改善案を提案し続けられない人は、海外では通用しない

ビジネスの世界では行動する人だけが求められる

海外で仕事をするうえで欠かせないのが、「**企画提案**」です。ビジネスプランを立てて書類にまとめ、会社員なら上司に、フリーランスならビジネスパートナーに対して提案します。相手はそれがプロジェクトとして収益を上げると踏めば採用し、あなたにチャンスを与えてくれるはずです。

日本でも１９９０年代、様々なビジネスプランの提案が多くの現場で行なわれていました。同じ製造現場に所属するメンバーでチームを作り、「シックス

シグマ」という品質管理活動を行なっていたのも、そのひとつの形です。現場から提案・実行される業務改善が、日本の製造業の強さとして世界に認められていました。今でも世界で通用するビジネスを展開している日本企業では、現場から多くの提案が発信されています。

こうした考え方の源になっているのが、マサチューセッツ工科大学のピーター・M・センゲ教授の提唱する「ラーニング・オーガニゼーション(学習型組織)」です。「人々が継続的にその能力を広げ、望むものを創造したり、新しい考え方やより普遍的な考え方を育てたり、人々が互いに学び合うような場」とセンゲ教授は表現しています。企業が学習型組織として機能すれば、現場から進化し続けることができます。

提案と言っても、大規模な新規事業に限りません。

たとえば現場レベルで「ここの仕事の流れをもっとこうしたほうが、効率がよくなるのでは?」といった疑問を提案するレベルで十分です。結果的にコストの削減や収益の拡大につながれば、それも立派な提案になります。

海外市場向けのビジネスプランとして、若手でも比較的取り組みやすいのは販売システムの構築です。海外で働くという目標を持っているなら、手はじめにこうした提案から挑戦してみることをおすすめします。

これまで主に日本市場で展開してきた自社製品の販路を、海外市場へ本格的に拡大することを想定してみてください。その国の市場についてリサーチし、どうすれば販路を拓けるかという企画を立てて、自ら実行することで、海外ビジネスのチャンスをつかめます。

Ａ４１枚の提案が、新しいチャンスにつながる

たとえ経験が浅くても、自分の考えたビジネスプランをどんどん企画書にまとめ、提案していく習慣を早くからつけておけば、海外で仕事をするときに大いに役立ちます。Ａ４用紙１枚分くらいを目安に、常日頃から企画書をまとめ

るという訓練をしておいてほしいと思います。

その提案が採用されなくても、マイナス評価にはなりにくいので安心してください。むしろ何ひとつ提案せずに、決められた仕事だけこなしているほうが、よほど評価が低くなります。もちろん提案が採用されれば、評価が高まるだけでなく、次の新しいプロジェクトを手掛けるチャンスを得るなど、キャリアアップの選択肢が増えていきます。

26～27ページで述べた「自分の職業を意識する」ということにも直結することですが、海外で仕事をするなら、**自ら専門性を高めるために勉強したり、チャンスを切り拓くために努力をするべき**です。海外のキャリア志向の人たちと肩を並べて活躍するために、ぜひあなたも今日から実践してください。

07 評価を「してもらう」日本、「取りに行く」海外

プロセスは自分で創る

日本企業に独自のルール・制度があるように、世界の様々な国の企業や職場にもルール・制度があります。国内で仕事をしていると、そうしたルールや制度が当たり前すぎて、意識する機会が少ないと思います。

たとえば人事制度について考えてみましょう。

日本で評価を受けるためには、最低限、決められた出勤日、勤務時間に出勤し、仕事に取り組むことが求められます。国内では仕事の成果と同様、そのプロセスも評価の対象と考えているからです。

一方、**海外の企業では、結果・成果が最優先**です。もちろん国や企業による違いはありますが、日本のように「プロセスを評価する」という考え方はないものと思っていたほうがいいでしょう。**給与はパフォーマンスに応じて支払われるのが、グローバルビジネスの基本**です。

成果を出した分を評価し、それに対して支払いを行なうスタイルは、単純明快です。「結果がすべて」というと厳しさばかりが目立ちますが、ゴールに至るまでどんなアプローチをするのか、どのような工夫をするのかが一人ひとりに任されているという自由があります。その根底にあるのは、「すべての人が結果のもとに平等」というシンプルな発想です。ですからダイバーシティや女性登用を推進しやすいという側面もあります。

日本流の人事制度では、結果はもちろん、ゴールに至るまでのプロセスで、上司に頑張っている自分をアピールしないことにはいい評価をもらえないという面倒さがあります。しかし、結果がすべての海外では、一切必要ありません。もちろん自由と責任とは背中合わせですから、自分自身で能力を高めたり、収益に貢献するための努力をしていく必要があります。たとえ評価の対象にならなくても、自分でゴールまでのプロセスを作っていくという意味では、**評価を自分から「取りに行く」姿勢が大事**と言えます。

噂話をする時間があれば、ひとつでも多くの企画提案を

日本と海外とでは、上司と部下とのつながりに大きな違いがあることも覚えておきたいポイントです。

海外では、経営陣が自分の信頼できるマネージャーを連れて転職するケースがよくあります。ですから、ある日あなたの上にやって来た新しいマネジャーに、「今度経営陣に入った○○さんってワンマンらしいですね」などと不用意に発言してはいけません。話題にしたその経営陣とあなたのマネジャーが、実は強い絆で結ばれている場合がよくあるからです。

日本では一般的に、「上司は部下を守り、部下も上司を守るもの」という考え方がどこかにあり、よほどの裏切りや背任行為でもない限りその関係は崩れません。しかし海外の企業で働くなら、「上司＝いつでも自分を守ってくれる存在」とは安易に考えないことです。

あなたが**上司の正当な評価を得たいのなら、不用意にほかの誰かの噂話をしたり、批判などしないことです**。そんな時間があるくらいなら、ひとつでも多くの企画提案をしたほうが、よほど評価につながります。

海外に何をしに来たのかということを日々、忘れずに過ごしてほしいと思います。

08

タイムイズマネー。期限は命の次に大事にせよ

期限を意識する姿勢が結果を生む

「グローバルビジネスに必要な4つのスキル」のうち、4番目に身につけておきたいのが「**仕事の型（基本）**」です。

「仕事の型」とは、「上司に仕事の相談をする」といった基本的なことから電話応対、商談での話し方などがそれにあたります。

いわば職業人として一人前に仕事をするための基本となる能力のことで、27歳くらいまでに身につけておくことをおすすめします。

仕事の型ができあがってきたら、仕事で結果を出すことを意識する必要があ

ります。**目の前の仕事を、決められた期限で「やり切る」**のです。

はじめは完璧でなくてもいいので、時間や期限の中で最大限、やれることをやり切ることが大切です。

ビジネス会話の下地になる経営理論

もうひとつ、30歳くらいまでに身につけておくべき力として挙げたいのが、「**経営理論**」です。

たとえばあなたが仕事を任され、取引先に出向いたとします。任された仕事は国内のビジネス、出向いた先も国内企業を想定してください。そこで取引先の担当者に「あなたの会社はどのようなビジネスモデルで収益を上げていますか。現在どれくらいの利益が出ていて、将来性はどうですか」と、質問されたら、どう答えますか。

こういった会話は、ビジネスの場で日常的に交わされます。そしてこの会話のベースになるものが、実は「経営理論」なのです。

ここで挙げた取引先からの質問には、「ビジネスモデル」「収益」「利益」「将来性」といったいくつかのキーワードが含まれています。これらが自分のものになるように、基礎知識を持っていてほしいということです。

経営理論を知るために読んでおきたい本

近道は、経営学やマーケティング理論の本を1冊読み切ることです。ビジネスシーンに関わる事柄やキーワードが理論的・体系的に解説されていて、自分の仕事に照らしてみると、発見があって面白みを感じられるはずです。

私自身もかつて、それらのビジネス書を読み、仕事に深い興味を持つようになりました。何より、海外で出会うビジネスパーソンとの会話がずいぶんスムーズになりました。というのも、海外ではそれぞれが経営学のような基礎理論を共通のフォーマットとして持っているのが当たり前だからです。

日本では仕事の経験を重ね、その経験を前提にビジネスを進めていく傾向がありますが、**海外では経営学の理論を互いに共有している前提でビジネスを進めていきます**。

興味や知識があれば会計学や簿記原理などの本もいいのですが、多くの人には少々退屈なので、私はマーケティングの本を一番におすすめしています。

いずれにしても、自身が日頃取り組んでいる仕事がどういう流れで動き、どこで収益を上げて、次の事業展開へとつなげているのかを「理解する」ことからはじめてほしいと思います。それがビジネスの場での論理的な思考や会話、交渉の基礎となり、相手との共通フォーマットになるからです。

まずは取引先に、自分の勤める企業の事業や収益について語るところからはじめてみてはいかがでしょうか。そして興味を惹かれた方向へと、勉強する分野を少しずつ広げていきましょう。

まとめ

01 まずは中学英語で死なない程度の英語力を身につけよう

02 仕事に必要な語彙を選んで学習しよう

03 アポをとるときはまず目的を伝えよう

04 自分はどうなりたいのか、キャリアプランを考えよう

05 海外では「どこに所属するか」より「どう動くか」

06 企画書はＡ４１枚にまとめる訓練をしよう

07 評価は自分から取りに行くべし

08 経営理論はビジネス会話の下地になる

第2章

海外に行く前に習得しておきたい9つの習慣

09 日本のやり方を捨てる

外国人とたくさん話し、相手の考え方に合わせる

海外で働くことを考えるとき、真っ先に問題にされがちなのが語学力です。しかし、実は語学よりも先に身につけておいてほしい大事なことがあります。それが、「**柔軟に考える力**」です。

今でこそ外国人も増えてきましたが、日本の企業で働く人の大半は日本人です。言葉も文化も同じ民族が集まっているので、何も言わなくても、それぞれが同じやり方で仕事を進めていることも珍しくありません。そして同じ職場にいればいるほど、疑問を持ったり、客観的に眺めることもしなくなっていき

ます。

一方で、海外では転職が当たり前。そのつど、仕事の進め方を柔軟に変えていきます。また、欧米企業では多様な民族が働いているのが大前提なので、人の数だけ仕事の進め方ややり方があります。そのため日本人と外国人が一緒にビジネスをしようとすると、必ず摩擦やひずみが起こります。

では、どうすればいいのでしょうか。

非常にシンプルに言えば、**相手の考え方にいったんすべて合わせる**ことです。日本で慣れたやり方、考え方を捨て、柔軟に相手の考え方や論理に沿うようにするのです。

どんな国のやり方や論理も受け容れ、そこに合わせることを重視すればコミュニケーションも成り立ちますし、ビジネスもうまくいきます。日本のやり方、これまでのやり方に固執するからうまくいかないのです。

欧米の考え方を知ると対話に役立つ

相手の考え方を知るうえで、私は欧米人の哲学や論理的手法を学ぶことをおすすめしています。日本と欧米とでは、考えるアプローチが全く違います。そのことを知ると、おのずと採るべき考え方も変わってきます。

欧米人の考え方の土台となるのが、デカルトの提唱した「演繹法《えんえきほう》」とベーコンが提唱した「帰納法《きのうほう》」です（「演繹法」「帰納法」については91〜93ページで詳しく説明します）。

演繹法と帰納法は、簡単に言うとどちらも推論を立てる手法です。今ある事実から原理・原則を導き出し、将来の予測へとつなげていく考え方なのです。

そこには欧米流・論理的思考の基本となる発想が詰まっていますから、簡単な解説書を読むなどして、頭の訓練をしておくといいと思います。急に論理的に思考しようとか、相手と論理的に話そうとしても無理ですが、日頃から訓練さえしておけば外国人との対話に大いに役立ちます。

彼らと話すときは、最初は片言でもいいのです。**とにかく話し、相手を理解する努力をすることが大切です。**外国人との対話の数だけ、着実にグローバル化していきます。

10 非常識なアイデアに新たなビジネスの種は宿る

「和」は乱してこそ、よりよいプランが生まれる

日本では、「全員で集まって物事を決める」という仕事の進め方が一般的です。会議の席などで、物事が決まりかけているところに誰かが異なる意見を出したら、「和を乱す人」という印象を与えかねません。

ところが海外に行くと、「人にはそれぞれの価値観があり、一人ひとり違った持ち味があるはず」という考え方が備わっています。

同僚からも上司からも、絶えず「あなたらしさはどこにあるの?」という問いを突きつけられます。「**独自のビジネスプランこそが収益を生み出す**」とい

う強い信念があるからです。そのため、**常に自分の意見を言うことが求められます。**

私がアメリカで仕事をはじめて間もない頃、同僚から意見を求められたことがあります。

私が「I agree your opnion.」と答えると、相手は途端に表情をこわばらせ、きつい口調でこう言いました。

「私はあなた自身の意見を聞きたいのです。簡単に賛同などしないでください」

日本にいると、何事も丸く収めたほうが得策という意識が働きますが、海外では正反対です。異なる意見をぶつけ合わせ、十分な議論をし尽くしたところではじめて折り合いをつけるのが一般的です。

上司にも反対意見はどんどんぶつける

また、会議の席で上司から意見を求められたら、自分の考えを言わなければなりません。「私は申し訳ないけどボスの意見には反対です。なぜならこうやったほうがうまくいくと思うからです」と、**たとえ相手が上司でも、はっきり発言をします**。その内容が優れていれば、上司も「ああ、そのアイデアはいけるね。いただこう」という具合に、即断即決することもよくあります。

上司の意見に賛成の場合でも、やはり自分の意見をきちんと言うことです。「私はあなたの考えには賛成です。この部分がこういう理由でいいと思うから、実行したほうがいいと思います」と、賛成の理由も述べるのです。

さらに、「ただし、こういう条件で実行したほうがより成果が上がると考えています」というように独自の意見をつけ加えます。そのくらい、常に「自分らしさ」を打ち出していく必要があります。

単純に「その意見に賛成です」で終わってしまったら、「あなたの考えはどこにあるの？」ということになってしまうからです。

自分の意見を言うことは、ビジネスの基本とも言えます。

海外では、筋が通ってさえいれば、非常識であればあるほど「そのアイデアはどんな着眼点から生まれたのか」と興味を持ってもらえます。そしてその分、高い評価、厚い信用へとつながっていくのです。

一緒に働く相手を、信用できる相手かどうかを判断して決める海外では、**自分の志向をさらけ出すことでしか、相手の信用を勝ち取ることはできません。**

11 「何となく」ではなく「数字で」ものを言う

欧米では、データや裏付けのない考えは「考え」ではない

海外で働いていると、現地の人と日本人との間に大きな差を感じる瞬間が多々あります。特に思考面で感じることが多いように思います。

海外、特に欧米のビジネスは、すべてが論理的に組み上がっていると言っても過言ではありません。

欧米諸国では、確かな裏付け、それもできるだけ数字で示せるデータをもとに結論を導き出すことが基本です。これはＭＢＡを取得しなければ身につかないものではなく、誰もが自然と身につけているスキルです。

論理的な考え方を形に現している企業の代表例として、わかりやすいのがアップルです。世界中で人気の「アップルウォッチ」は、技術の裏付け、市場での裏付け、想定したユーザーがこんな使い方をするはずだという裏付けをもとに、論理的に開発されたものです。設計面でも緻密に計算されており、それが商品に表れています。

様々な裏付けから筋道を立てて論理的に結論を導き出すこと、つまりシミュレーションを行なうことは、ビジネスにおいて重要です。たとえ違う考えを持っていても、論理がきちんと組み立てられていれば、その筋道を理解できるからです。

数字で説明するクセをつける

そのためにも、できるだけ客観的に判断できるように、**数字に置き換えられるものは置き換える**というのは有効な手段です。

たとえば単に「収益が上がる」ではなく、「このようなシミュレーションを行なった結果、○ヶ月で○円の収益増が見込める」と明確に表現することで、論理性、客観性は飛躍的に高まります。

海外で仕事をしようとしているなら、今からでも遅すぎることはありません。あなた自身で論理的に考える訓練をしてほしいと思います。

大切なのは、「**自分で考えて、自分でやってみること**」です。この実践をくり返すことで、日本にいながら海外で通用するスキルを自ら育て上げることができます。

学校でどれだけ立派な理論やノウハウを学んだところで、自ら考え、実践する練習を積まなければ身についたことにはなりません。それは見方を変えれば、日々の仕事を通して練習さえすれば、自分の血や肉となって役立つということでもあります。

できれば、たった今からこの訓練をはじめてください。

身につけた力は、これから先、あなたがどこで仕事をすることになっても、必ずあなたの武器になるはずです。

12 海外でムダな時間は1秒もない

「自分専用空間」で仕事に集中する

海外の企業では、「ジョブ・ディスクリプション」（職務明細）によってやるべき仕事が定められています。そのため、「本来やるべき仕事」に神経を集中させる傾向にあります。

その背景には、くり返しになりますが、「収益を上げる」という目標に基づくという考え方があります。日本のように、自分たちのセクションだけでなく、会社全体の業務の流れを読むという発想は全くないと言ってもいいでしょう。

図2　日本と海外の仕事スタイルの違い

	日本	海外
仕事内容	上司が指示 or 現場による	ジョブ・ディスクリプションによる規定あり
仕事	オープンスペースで顔を合わせながら行なう	パーテーションで区切られた空間で行なう
上司への報告など	そのつど	定期的に（週1回メールで）

上司への報告・連絡・相談についても、日本の場合はそのつど行なうのに対し、海外では一定のペースで行なわれます。企業にもよりますが、「週1回メールで」ということも珍しくありません。

それ以外に、月1~2回上司とのミーティングがあるので、その際にそれぞれのミッションの進捗状況を報告し、今後の進行についてすり合わせをします。

このように、海外での仕事の進め方は非常にシステマティックです。日本で覚えたやり方に固執していたら、とてもついてはいけません。

質問するときは、的を絞ってスピーディーに

海外で働きはじめた当初はとにかくわからないことだらけなので、同僚や上司に聞いて教わるしかありません。とはいえ周りは時間当たりの収益を考え、集中して自分の仕事に取り組んでいる人たちばかりですから、できるだけ妨げにならないようにすることが大切です。

何かを教わる際も「このやり方で進めると、○○の点からBではなくAという結論になりそうですが、いかがでしょうか」「今、○○と聞いたんですが、そのポイントはどういうことなのでしょうか」というように、**はっきりと的を絞って質問することが大切**です。すると相手も期待していた答えを返してくれます。そこにムダ話や雑談をさしはさむ余地はありません。

働く人の出身国はバラバラでも、それぞれが「収益を上げる」という目標に向かって働いていると考えると、接し方のポイントが見えてくるのではないでしょうか。

「上司や同僚の時間を1秒たりともムダにさせない」という気持ちで動くことで、接し方のバリエーションも増えますし、得たい情報を短時間で手に入れることができるようになります。

13 常に「生きた情報」にアンテナを張れ

イミグレーションは「生きた情報」の宝庫

どこに行っても、誰とでも、気さくに話せることは実は大きな武器になります。新聞やテレビ、インターネットなどメディアから仕入れるのとはまた違った生の情報を、いろいろと仕入れることができるからです。

私自身、海外の空港などでよく、見ず知らずの人と情報交換します。場所を選ばず、やたらに知らない人と話すのは危険ですが、イミグレーション（出入国審査カウンター）の待合室ならそういう心配をする必要がありません。むしろ浮いてしまった時間を有効に使えて得をした気持ちになれます。

イミグレーションは現地で暮らす人も多く集まるため、〝生きた情報〟を多く仕入れられるものです。最新の各国事情、経済水準や景気はもちろん、自国が他国からどう見られているのか、といった新聞に書かれていない情報も仕入れることができます。

話が弾む話題とは？

情報収集のためにも、どんな国の人とでも気さくに話せると得です。会話が弾むきっかけとなる話題から入ることで、自然と話が弾みます。たとえば、お金に対する興味が強く、個人投資家も多いアメリカ人や中国人の間では、朝のコーヒーを飲みながら株価の話をしている様子をよく見かけます。またアメリカ人は、野球やバスケットボールなどスポーツの話も大好きです。

とはいえ、いくら相手が好むからといって、自分が興味や知識を持っていない話題を相手に持ちかけることは難しいものです。

自分でも興味が持てて、万国共通で盛り上がる話題として私がよく使うテーマは、「**家族**」です。相手に子どもがいるなら、子どもの話は会話のいいきっかけになります。子どもがいない場合は、周りにいる子どもたちのことや、「日本の中学生や高校生の場合は……」といったことを話します。こういう気軽な会話を、その場でたまたま出会った人とできれば、英語についてはかなり自信がつきます。

「一人で来ている」とは言ってはいけない

ただし、注意してほしいのは、**個人に関わる話を不用意にしないほうがいい**ということです。

特に中東や中南米などでタクシーに乗るときは要注意です。

「一人で来ているの?」という質問に「イエス」と答えようものなら、そのまま誘拐されることもあり得ます。これは宿泊したホテルが手配したタクシーかどうかにかかわらず、また、男女にかかわらず言える話です。

また、諸外国の人たちは、日本人が考える以上に噂話が好きです。

私がこれまで見てきた限りでは、ふだん、「プライバシーの尊重」ということを厳しく言っている国ほど、人のプライバシーについて噂するのを好む傾向があるように感じます。同僚に気を許して、「うちの夫婦は今、危機にある。離婚もあり得るかも」といった話をうっかり漏らしてしまったら、翌日にはそれが予想もしなかった形で会社中に知れ渡っていた……ということは、よくある話です。自分で自分の足を引っ張ってしまうことのないよう、くれぐれもご注意ください。

14 信頼できるオリジナルソースを持つ

コミュニケーションと情報収集が実行力を創り上げる

私がこれまで海外で出会った一流のビジネスパーソンには、ある共通した特徴があります。それは、「**実行力がある**」ということです。

企画提案を聞いていると、現地での市場を正確に捉え、分析し、判断し、導き出しており、思わず「イエス」と言わざるを得ません。

では、どうしたらそのような力が身につくのでしょうか。

そもそも、市場を正確に捉えるためには、その国が世界経済に与えている影響をマクロレベルで知ることが欠かせません。そのため、まずは広く情報を集める「**情報収集力**」がカギになります。

地元の〝おじさん〟〝おばさん〟が意外に情報を持っている

信頼できる情報を集めるためには、**自らの情報ソースを確保することが重要**です。新聞やテレビ、インターネットなどのメディアでニュースをキャッチするのも一つの手ですが、同時に、情報ソースとなる「人」を確保しておくことが欠かせません。

こう言うと、著名な経営者をはじめとする豊富な人脈が必要だと思われるかもしれませんが、そうではありません。早い話が、**自分が滞在しているホテルや住宅の近所にある食堂の〝おじさん〟〝おばさん〟でもいい**のです。

地元で商売をしている人たちは、常日頃からいろいろな人たちと話をしているので、現地の情報をキャッチするための優れたニュースソースになり得ます。

知りたい情報を彼らから直接聞き出すだけでなく、「こんなことを知りたいんだけど、誰か知っている人はいないかな?」と問いかけると、「何曜日のこの時間帯にこういう仕事をしている人がよく来るから、紹介しようか?」という話に発展するケースもあります。その紹介してもらった人を入口に情報収集の範囲を広げていくというのは、グローバルなワークスタイルをとっている人がよく使う手段です。

部下から情報が上がってくるのを待たない

組織のリーダーとして仕事をする場合も、やはりキーポイントは「情報収集力」です。

海外のリーダーは、現場のプレイヤー同様「収益を上げる」という意識が強い一方で、現場から意見を吸い上げるということを意識的に行なっています。

たとえばある日メンバーをミーティングルームに召集して、ブレストを行なうことがあります。「来月の目標は収益○%アップだが、現状では収益はここまでしか上がっていない。君ならどうするか、アイデアを出してみて」とメンバーに投げかけます。そしてメンバー全員の考えを引き出して、収益アップにつながる有効な戦略を立てるわけです。

部下から情報が上がってくるのをただ待っているのはリーダーではありません。自分から情報を取りに行く姿勢を持ち、得た情報をプランニングに結びつけていく。そのくり返しが、実行力へとつながっていくのです。

15

「YES」「NO」を言わない人間はプロではない

アバウトな答えは意志がないのと同じ

海外では、くり返しになりますが、個人の考え方や判断が尊重されます。いくら自分の考えを持っていても、発言しない限り、その人の能力に問題があるとみなされてしまいます。

たとえば仕事中、イエス、ノーのどちらなのかを突きつけられる場面が数多くあります。「Do you ~ ?」と質問されたら、まず「Yes」か「No」の答えを要求されていると受け取って間違いありません。慣れていない日本人にとってはなかなか難しいことですが、意識し続けることで、1ヶ月もすれば答えられるようになります。

私自身も、海外で仕事をはじめたばかりの頃は「Do you ～?」と質問されて、日本語の習慣でアバウトに答えたものでした。そのため相手に「I'm asking Yes or No!」と、ぴしゃっと遮られたこともあります。

意志表示を明確にしなければならないというのは、日本人にとってはかなりスリリングですし、最初は緊張も強いられます。

条件付き回答で切り抜ける方法

ところが２０００年代に入り、欧米でも「Do you ～?」という問いに対して「Yes and No.」と答えるスタイルが主流になっています。

そもそも「Yes」「No」のどちらかで答えられるほど市場の動向は単純ではなくなっているという事情もあります。ですから先に「Yes and No.」と答えておいて、その後で「Ａについては確かにそう思うが、Ｂについてはそうは思わない。自分はこう考える」とか「Cという条件ではそれが正しいが、条件が変わればそれは違ってくる」といった説明を加えます。

それでも日本人にとって、即座に答えを出すことは難しいでしょう。よく、どうしたらいいかわからず黙り込んでしまうというケースもあります。

ですが、「沈黙は金」だなんてとんでもないことです。**海外で働くにあたっては、「沈黙は悪」**。黙ることで、相手に信頼されないばかりか、怒らせたり、イライラさせたり、呆れさせたりする恐れがあります。

そんなとき、場をうまく切り抜けるフレーズがあります。

それが、「I'm thinking.」や「Let me think of it.」です。

即答できなくてもちゃんと考えているということを表現すれば、その場は相手も納得してくれます。もっとも、すぐに「Did you find your answer?」と急かされることになりますから、必死になって次の答えを考えなければならないのですが。

「Could you please wait a moment?」という言い方も有効です。「時間がほしい」という意思を明確にすることも、「自分の意見」になるからです。

もちろん、いくら考えてもわからないこともあります。その際は「I say No.」と言って、そのことについて教えてほしいと頼むのです。


ただし商談の際は注意が必要です。決裁権を持っていないなど、ときには即答できないこともあると思います。そんなときは、個人の考えとして「Yes」か「No」かを相手に伝えたうえで、「自分は賛成だが、ビッグボスが最終的な決定をするので、明日連絡する」という約束をしてくるのです。

ここで重要なのは、「誰が」「いつ」その問いに対して最終的な答えを出すのかをはっきりさせておくことです。日本語の商談のように「いったん社に持ち帰らせていただき、検討させてください」といったあいまいな返事では相手に信頼してもらえません。自ら〆切を設定してスピード感のあるビジネスの主導権を握れるよう、気をつけたいところです。

16 「何歳で」「何をしたいのか」キャリアプランを描く

キャリアプランが、ぶれずに進む強さをくれる

あなたは、自分のアピールポイントを5つ言えますか。

海外では望む仕事を手に入れるために自分をアピールし、チャンスをつかむことも仕事の能力のひとつとみなされます。ですから、自分の能力を積極的にアピールすることが必要です。

営業の仕事をしたいのなら「交渉力」に関わることを、新規事業企画の仕事に関わりたいのなら「これまで自分のアイデアでどれだけの売上に貢献してきたか」など、希望に応じてアピールポイントを整理することが必要です。

図3　キャリアプランを具体的に描く

例

25歳　外資系企業に転職し、マーケティングの仕事に携わる
アメリカ本社に異動しても活躍できるだけの能力を磨く

28歳　アメリカ本社へ異動。海外とのネットワークづくりを牽引する

30歳　独立。個人事業主として、海外企業と日本企業の橋渡しをする

↓

このように「何歳までに」「何をしたいのか」を具体的に描くことで取るべき道が見えてくる

キャリアプランがあってこそ、人は「なりたい自分」になれる

「自分が何歳に何をしていたいのか」をキャリアプランに落とし込んでおかないと、アクションの起こしようがありません。アクションを起こしていたとしても、方向性がわからないので長続きしません。アピールポイントも、自分が向かっている先が見えなければ、クリアになりません。

ですから何よりもまず、キャリアプランを描くことが、なりたい自分を実現する第一歩になるのです。

私自身、キャリアプランを描いた途端に、ぶれることなくそこに向かっていける強さが生まれました。

計画は「ラフ」くらいがちょうどいい

とはいえ、あまり緻密すぎるプランを描く必要はありません。特に、海外で

仕事をはじめると、病気にかかったり、仕事で挫折したり、思い通りにいかないこともいろいろと出てきます。緻密なプランを立てると、修正がきかなくなってしまいます。そうかといって無理にプランに合わせようとすると、自分自身がつぶれてしまい、再起を図れなくなる可能性も考えられます。

私がおすすめするのは、すぐに消しゴムで消して修正もできる〝**ラフスケッチ**〟**を描くこと**です。もちろん「何歳までに何をしている、何歳にはどうなっている」という時間軸に沿ったプランは、ところどころで押さえておきます。そこさえ決めておけば、ぶれずに先に進むことができるようになるうえ、やがて自分でも想像もしていなかったアピールポイントがわかってきます。

17 自分が心地よくいられる環境をつくる

しっかり眠り、しっかり食べることが何よりの策

母国語を使わない環境にい続けると、疲れる瞬間があります。自分の言いたいことを外国語に乗せてしゃべり続けることは、思いのほか脳を使うからです。相手が話す英語を理解はしているのに、その意味が自分の中に「言葉として」入ってこないこともあります。

一説によると、外国語で話しているときと母国語で話しているときとでは、使っている脳の領域が異なるということです。ましてや、日本語を話すときの何倍も言葉を足して説明しないと伝わらない環境ですから、その分、疲れも倍

増するのでしょう。

そうした多くの疲れやストレスに負けないためには、上手に気分転換することです。もっとも有効なのは、**とにかく寝ること**。疲れを取り、心を解放してストレスを軽くするには、人間、やはり寝るのが一番です。

それと、**しっかり食べること**。現地の食事が合わないがために、仕事を続けられなくなって帰国するケースは、案外多いものです。

ある企業では、男性社員が海外駐在をする場合、単身赴任ではなく必ず妻を同伴するよう内規に定められていると言います。これは、食事のケアをしてくれる人が必要だから、というのが大きな要因です。

また、インド南部の都市で、「インドのシリコンバレー」としても知られるバンガロールには、日本のある大手企業が進出し、製造拠点を設けています。ここに赴任する日本人社員のために、企業が現地のホテルを丸ごと買収して宿舎にしているというから驚きです。食事を含め、ストレスのない居心地のいい環境を提供していると言います。日本と同じ環境で同じ食事を食べられるなら、仕事も日本にいるときと同様に頑張れるという理屈なのでしょう。

本当にストレスに打ちのめされたら、**思い切って冷却期間を置く**という方法もあります。一見ネガティブなようですが、これはなかなか効果があります。

私の海外でのはじめての上司はブロンドヘアーの女性でしたが、大変苦労しました。彼女は当時マネジメント職に就いたばかりで、こちらの思いになかなか理解を示してくれなかったからです。私自身、海外で暮らしはじめて間がなかったので、その上司だけがストレスの原因ではなかったと思いますが、なかなか骨が折れました。

そこで仕事がひと段落した後、帰国することにしました。そして日本にいる間も、上司のイメージにつながるものはことごとく遠ざけました。ブロンドヘアーの俳優やモデルを目にすると、雑誌を閉じたり、テレビの電源をオフにしたくらいです。そんな状況が1年続いた後、オフの期間を終えて次にアメリカに長期出張に出かけたときは特にストレスを感じませんでしたから、今思えば、あのときだけは何か特別だったのでしょう。

海外では日本にいるときの3倍もの強さでストレスを感じると言われています。私自身の実感から判断しても、それは適切な表現ではないかと思います。ストレスを感じたら、どうにもならなくなる前にリセットして、また新たな気持ちで挑戦するのが最良の策です。

日本にいるうちに、自分が心地よく眠りにつく環境をつくり出すにはどうすればいいかを探ったり、できるだけ何でも食べるように心掛けること。この地道な努力が、ここぞというときに案外役に立ちます。

まとめ

09 海外では海外のやり方に合わせよう

10 和を尊ぶ前に自分の意見を言おう

11 結論を言うときは、できるだけ数字やデータを使おう

12 質問は的を絞って的確に

13 海外では個人の話は極力しない

14 信頼できるオリジナルソースを持とう

15 沈黙は悪。一言発して場を切り抜けよう

16 何歳で何をしたいのかイメージしよう

17 自分が心地よくいられる環境をつくろう

第3章

世界で活躍する人がやっているコミュニケーション

18 ビジネス会話では敬語と語彙力が欠かせない

ビジネスパーソンに必須の敬語を覚える

「いつか海外で働く」ことを視野に、英語を勉強している人は多いと思います。ですが、何をどのように勉強したらいいか迷っている人も少なくないのではないでしょうか。

この項目では、短期で英語を身につける方法をお伝えします。

英語の上達を目指すなら、くり返しになりますが、まずは中学英語を使いこなすことを目指してほしいと思います。５Ｗ１Ｈがわかっていれば、生活に必要なたいていのことは聴き出せます。

中学英語で「何？」とか「いつ？」のように、キーワードを聴き出す基本用語を学んだら、次は、一歩進んで大人の英語です。日本語で言う「です・ます調」や敬語など、大人の会話に耐え得るレベルの言い回しを覚えていきます。

日本でも、職場では社会人にふさわしい言葉を使うと思いますが、英語でも同じ。英語にも敬語はあります。

たとえば何か説明してほしいとき、日本人はよく「Please explain.」と言います。学生時代、丁寧な依頼にはpleaseをつけるように教わったからですが、これでは上司から部下へ、目上の人から下の人へ指示を出すときの言い方になってしまいます。


では、上司に対して説明を求める場合はどうするべきなのでしょうか。

相手への尊敬がこもった表現を選ぶのが普通です。具体的には、「Would you please explain?」などが挙げられます。

ビジネスではビジネスの言い回しがある

また、相手への感謝の気持ちを表すときは、「Thank you.」ではなく、「I appreciate ~.」と言うのが、ビジネスパーソンにふさわしい丁寧な言い回しです。日本語でも、ビジネスの場ではぶっきらぼうに「ありがとう」ではなく、「○○につきまして、誠にありがとうございます」と言うのと同じです。

それができるようになったら、今度は仕事に必要な「**語彙《ごい》力**」を身につけます。これは、ラジオやインターネットの英会話プログラムを活用するのが、手軽で効果的です。それと並行して、自分が仕事でよく使う専門用語を中心に学んでいけば、比較的早く語彙を身につけられます。

私は大学を卒業して外資系の日本法人に勤め、日頃から英語を使って仕事をしながら、夜は英語の学校に通いました。ＴＯＥＦＬの点数は米国留学ができるレベルに達しましたが、その後も海外で仕事をするという希望の実現に向けて、英語を勉強し続けながらチャンスを狙っていました。

実際に海外に出てからは、外国人上司から、一生仕事をし続けていくために役立つ様々な哲学を教わりました。スキルを磨き、仕事で成果を上げれば給料が上がるということを実感できたのは、ボスの教えがあったからです。会社員を辞めて独立しようと決意したのも、海外で多くの人に会い、生き方の指針になる教えを聞くという経験があったからでした。

職業人としてのプロ意識も、海外のビジネスパーソンとの対話から得られたものです。彼らの、仕事に対するプライド、自分のため、家族のために仕事をしている姿勢、100%完璧な仕事をして当たり前という職業意識は、その後の私の職業人としての生き方にも大きな影響を与えています。

英語の上達のためにも、そして自分が進む道、人生の方向を見つけるためにも、**間違いを恐れずにどんどん英語を使って会話してください。そして情報収集してほしい**と思います。

19 何事もまず目的から話す

海外で通用する考え方まで身につければ無敵

英語がかなり上手な日本人でも、欧米で話をすると「あなたの英語はわかるけれど、何が言いたいかがわからない」と言われてしまうことがよくあります。これは、言いたいことを日本語で考えて、それをそのまま翻訳して発言してしまうために起こることです。

日本語は、文章構成が「起承転結」となっており、言いたいことが最後の「結」に集約されています。外国人にとっては、最後まで聞かないと結論がわからず、もどかしいものです。またビジネスでは直接的にモノを言わないこと

図4　帰納法と演繹法と注意点

欧米では、「目的→理由づけ→結論」の順で話すが、「理由づけ」の部分にこの帰納法と演繹法を用いる

帰納法……具体的な事象をいくつも挙げて、原理原則を導き出す方法

例　Aは○○、Bも○○、Cも○○であるから、よってXは○○である

演繹法……最初に原理原則を掲げ、後で具体的事象を紹介する方法

例　Xは○○ではないか。だとすれば、Aは○○、Bも○○、Cも○○であるはずだ

〈注意点〉

1．具体的な事象と原理原則をきっちり分けて語る
2．具体的な事象は複数挙げ（めやすは3件）、原理原則は1つだけにする
3．話の内容次第で、「具体的事象から原理原則へ」もしくは「原理原則から具体的事象へ」というふうに、ストーリーを意識して語る

も多く、隠喩が通じにくいことも弊害になっています。

欧米をはじめとする多くの外国人は、簡単に言うと「**目的↓理由づけ↓結論**」という構成で話を展開します。ですから彼らの思考に合わせて、まず目的を最初に言うクセをつけるだけでも違ってきます。相手に理解してもらいやすくなり、話が通るようになります。「まず目的から」というのがやりにくければ、もっと単純に、最後に言おうとしていることを最初に持ってきてもいいでしょう。それだけで見違えるように会話が成り立つようになるはずです。


海外では、知らない相手に売り込みの電話をするところから商談をスタートさせる場合もあります。このとき、最初の1分以内に自己紹介と目的を伝え、担当者に取り次いでもらわなければ、話は先に進みません。目的から話すということがいかに重要なのか、おわかりいただけると思います。

それから「目的↓理由づけ↓結論」の〝理由づけ〟の部分では様々な推論を立てますが、欧米の場合はここで、西洋哲学に由来する「帰納法」と「演繹法」という方法を用いています。

91ページの図4をご覧ください。

「帰納法」とは、具体的な事象をいくつも挙げて、「Aは○○、Bも○○、Cも○○であるから、よってXは○○である」と、原理原則を導き出す方法です。

一方の「演繹法」は、最初に原理原則となる「Xは○○ではないか」と仮説を掲げておいて、「だとすれば、Aは○○、Bも○○、Cも○○であるはずだ」と、具体的な事象がどうなるかを導き出す方法です。

要は、具体的な事象から原理原則を導き出したり、その逆を行なうためのやり方です。欧米人は、このやり方で考えを進めることが当たり前なので、そこに合わないやり方で話を進められると、違和感を持つことになります。それだけで理解を阻害されたという印象を持つのです。

話をするとき、あるいは文章を書くとき、以上のことに気をつけながら展開するクセをつけてください。この考え方を意識しながら英語を話すと、「何が言いたいかわからない」と言われるのを防ぐことができるでしょう。

20 「どうしたらいいでしょうか」ではなく「こうしましょう」

相手をよく見て、真意をつかむ

どの国で働くにせよ、「誰と」働くかはとても大事です。ですから常に、目の前の相手が信用できる人物かどうか見極めることが大切です。

日頃から私も、仕事の遂行力、お金に対する価値観、収益に対する本気度、パートナーとしての相性を、相手の話を聞き出しながら判断しています。もちろん、相手も同じように私がどれだけ信用できるかを判断しているはずです。

何か質問をした場合に、ストレートに返事をしてくれればいいのですが、ちょっと斜に構えたシニカルな表現をする人もいます。何かにつけて笑いを取ろうと冗談ばかり言う人もいます。日本にいるとき以上にいろいろな人と会うことになりますが、どんな相手に向き合っても、相手をよく見て、その真意をつかむ努力をするべきです。

グローバルビジネスの場合、アポを取って相手方を訪問するときは、その会見や商談の目的から相手に切り出すものです。しかしそれも、相手に合わせて少し変えていきます。

たとえば、真夏の日本に来ているオセアニアの人には、あちらは冬なのにいきなり暑いところに来て疲れていないかとか、白夜の北欧の人には寝不足ではないかなど、相手のコンディションをつかむために、気候と体調の話題から入ることがあります。

最初の挨拶として「How are you?」と尋ねられると、日本人は自分の体調が良かろうが悪かろうが「I'm fine.」とつい答えてしまいますが、外国人はそのときの自分のコンディションについてコメントします。「I didn't sleep enough last night.」という具合です。「How are you?」というのは、単なる社交辞令の挨拶ではなく、コンディションを確認するための投げかけという意味もあります。コンディションに合わせて話の進め方に緩急をつけたり、厳し過ぎる話は少し控えたりということも、戦略としてもちろんあるわけです。

相手に合わせてアプローチ法を変える

では、特に上司に対して信用を得るには、どういう対処をすればいいのでしょうか。

海外では、上司へのメールで定期的に進捗の報告は入れますが、**基本は自分の責任で考えて行動します**。たとえ困難にぶつかってもギリギリまで自分で考え、それでも乗り越えられないときに相談するようにします。そうした状況に陥るまでは、相手が上司であっても、安易に「どうしたらいいでしょうか」などと口に出してはいけません。要はチームとして成果を上げなければならないので、自分ひとりのせいで失敗するわけにはいかないときこそ相談をすべきなのです。

ただ上司にもいろいろなタイプがあり、部下に任せ切りではなく、仕事の途中であれこれと割って入る人もいます。「あそこのお客様はどうなっているんだ。何？　それなら早く行かなければダメじゃないか」と、日本の上司以上に煽ってきます。欧米人にはあまり見られませんが、インドや中国、中東出身の上司にはこのように、「お金を見ないうちは信用しない」というタイプが多いようです。

相手がどういうマネジメントをする人なのかを見極め、そこに合わせた「報・連・相」を心掛けるというのも、ビジネスパーソンに必要なことです。

本書でお伝えしていることは、ほんの一握りの情報に過ぎません。上司が100人いれば、100通りのアプローチがあります。ぜひ、さまざまなアプローチ方法を身につけ、上司の信用を得てほしいと思います。

21

商談では岡本太郎になりきる

譲れないポイントはハッキリ主張する

わざわざ「岡本太郎」になりきらないと成功しない商談があります。それは、自分の主張を相手に伝え、受け容れてもらう、難易度が高い商談です。

岡本太郎はご存じの通り、生涯を賭けて自分を自在に表現してきた、日本が誇る世界の芸術家です。彼の名言中の名言に「芸術は爆発だ！」というのがありますが、まさに海外では自分を爆発させること、さらけ出すことが大切です。「岡本太郎になりきる」というのは、岡本太郎のコミュニケーションになららい、自分の考えていることをストレートに言葉にして表現すること、そして何者にも屈することなく、主張し続ける強さを持とうということです。

ではなぜ、それほどの強さが必要なのでしょうか。

それは、**プロ意識が高い人ほど、仕事へのこだわりが強く、ボーッとしていてはこちらの意向を無視されてしまうから**です。起業家や専門職に就いている人は特にその傾向が強く、他人がどう言おうと絶対に曲げられない領域を持っています。そこへ交渉に行くのですから、こちらも自分を爆発させる意気込みでなければとても太刀打ちできません。

ビジネスの究極はやはり利害なので、相手にどれだけの利益をもたらすかを考えながら自分をさらけ出し、譲れないゾーンもはっきり打ち出します。

強気・強気・強気であきらめない

特に私のように、フリーランスで仕事をする場合は、会社員のとき以上に相手に断られない工夫が必要です。よく台本を考えて自分をしっかり売り込んでアポを取り、商談のときには上手に交渉することが大事です。

うかうかしていると、外国人の仕事相手が「I'll give you only 10 %. I'll take 90%.」と言って、本当に90％の利益をかっさらっていくことがあります。そんなときは猛然と異議を唱え、自分を主張しなければなりません。大きな声で「Unfair!」と言うくらいがちょうどいいと思います。

私自身、海外ではじめてそんな経験をしたときは、日本人の上司が落ち着いた様子で「Would you please consider at least 50%?」などと切り返していました。相手の態度が強硬な場合は、「This is business. We have to share the profit together.」と、根本的なところから理詰めで説得する方法を使います。

ときには、なかなか商談に持ち込めないこともあります。そんなときは何度も電話をして留守番電話にメッセージを入れ、「私の送ったメールを読んでください」と何週間でもお願いし続けます。商談になかなか「Yes」と言ってもらえないときも、「Let me consider other possible solutions.」という具合に、まだまだ可能性があるはずだと主張します。一度の訪問でうまくいかなかった場合も、「I'll never give up.」「Please don't forget me.」「I'll come back to you later.」と、最後まであきらめない気持ちを伝えることを忘れてはいけません。

私はかつて、どうしても商談したい相手となかなかアポイントメントが取れず、「I'll fly to you.」と言って、本当に飛行機に乗って相手の住む国まで行ってしまったことがあります。後でどうして会ってくれたのかと尋ねたら、「君がここまで飛んで来るというから会うことにしたんだよ」と言われました。ありったけの熱意を示し、相手の気持ちを動かしたケースです。

外国人は、「あなたに会いたい」「あなたと商談をしたい」と言うと、必ず「Why, me?」と聞きます。そこで、どうしてもあなたでなければならない、御社でなければならないということを「only you」「something different」「you are special person.」などの賞賛の言葉を添えて表現することも、覚えておくといいでしょう。

22 アポイントの成否は事前準備で9割決まる

「社に持ち帰る」は禁句

商談や交渉のアポは、わざわざ相手に時間を空けてもらうことを意味します。ですからそこでの話し合いは、結論まで出してこそ、時間を空けてもらった意味がある。これが、グローバルビジネスにおける基本的な考え方です。

相手にとってみれば、「この場で結論が出せないなら、最初から来るな。結論を出す権限のある人が来い」という理屈になります。

日本では、商談や交渉のために相手のところに出向き、相手の条件をいろいろ聞いた後、返事は「社に持ち帰って改めて」というケースが日常茶飯事だと思います。しかし、グローバルビジネスにおいてそのやり方を踏襲していては、決まるものも決まりません。

くり返しになりますが、ある程度結論を出しておいて、「私はそれでＯＫだと思いますが、ボスから最終のＯＫをもらって明日までにご連絡します」という具合に、**きっちり期限を決めて最終的な承諾の連絡だけを残す**やり方もあります。このスタイルであれば、相手も受け容れやすいのです。

このように、結論を最低限、交渉の現場でまとめられるように、あらかじめ準備をしておけばいいのです。部長や課長の判断を仰がなければ最終的には承諾できないとしても、打つべき手はあります。

ここで有効なのが**シミュレーション**です。どういったやりとりが想定されるかということを細部にわたって考えるとともに、相手がこのくらいの価格を提示してきたら、こちらはどれくらいで「Yes」と言ってもいいのかを、上司から具体的に引き出しておきます。プレゼンに向けて事前準備するのと同じ感覚です。

それと同時に、可能であればアポイントメントの相手にも事前に「アジェンダ」を送っておくことです。アジェンダとは、何を話し合いたいのか、その論点をかなり具体的に書き出した書類です。相手が何をどこまで答えればいいのかが想定できるくらい細かく仕上げてあれば、当日もそれだけ話がまとまりやすくなりますし、時間も短くて済みます。

要は当日、ゼロからスタートするのではなく、交渉のポイントについて相談をしておくとともに、相手にも事前に準備をしておいてもらうことです。互いに論点がわかった状態で臨めば、決めるべきことをすべて決めて、「あとは最終ＯＫをボスにもらって、明日までに連絡します」と堂々と言えます。

日本人は石橋をたたきすぎて壊している

世界で活躍するビジネスパーソンの多くは「日本は、何を決めるにも時間がかかる」という印象を持っています。日本企業について「They still cannot decide this project.」と、少々うんざりしたように言われるのをよく耳にします。

今は特にグローバルマーケットの動きがスピーディーなので、速くて強い意志決定でないとプラスの評価にはつながりにくいのです。

日本のことわざに、「石橋をたたいて渡る」というのがあります。私も日本の行動規範を海外の人たちに説明する際に使うことがあります。すると、「それにしても度が過ぎる」という反応が返ってきます。慎重過ぎて、競合に負けてしまう、「石橋をたたいて壊す」結果になっているじゃないか、というわけです。

グローバルマーケットのスピード感についていくためにも、**交渉はその場で完結させること**。日本のビジネスに慣れてしまっている人には、かなり上級テクニックだと思いますが、入念な準備でぜひ切り抜けてほしいと思います。

23 自分の実績はでしゃばりなまでにアピールする

自分が何のプロなのかを相手にわからせる

海外では、日本で身についてしまった控え目とか謙虚さは脱ぎ捨てて、自分をどんどんアピールするべきです。

日本には「出る杭は打たれる」ということわざがあります。日本企業で長く働いていると、人より前に出すぎないよう、目立ちすぎないようにするという姿勢が身についてしまいますが、一歩海外に出たら、それが裏目に出ます。控え目な人、謙虚な人を評価しようという発想は全くないからです。むしろ、「影が薄い人」と判断され、全く記憶に残りません。

実際、「君は今まで何をしてきたのかね」というのは、面接や商談に入る前によく飛んで来る定番の質問です。そこで、自分の職業やこれまで取り組んできた仕事を相手に説明するよう求められるのです。ですから、商談の場に行く前には、自分の実績を頭の中に入れて準備しておくことも大事です。その際、収益をどれだけ上げるのに貢献したとか、コストをどれだけ削減したなど、**仕事の成果がどれほどのボリュームなのかを数字で示したほうが相手に伝わりやすくなります**。

けっして、何をしている人かと聞かれて、謙虚に「○○の仕事をルーティンでやっています」などと言ってはいけません。外国人の感覚だと、ルーティンジョブをやっている人が、どうしてこの場に来たんだろうと不思議に思われて終わってしまいます。

そういうときの説明は、たとえばこんな具合です。「私は日頃、半導体の生産管理を専門にしています。ルーティンジョブもありますが、取引先とのプロセスチェックと、毎年の生産コスト削減というミッションを受け持っていますから、今回はサプライチェーンにおける在庫圧縮に取り組むために来ています」。

1　自分は何のプロなのか。
2　これまでどのような実績を培ってきたのか。
3　今回の目的は何なのか。

これらを絡めて話をするよう工夫してください。すると相手も納得します。

また、商談や会議などの特別な場だけでなく、職場でも日頃から自分をアピールする練習をしておくべきです。海外では、くり返しになりますが、**人と違っていること、ユニークであること、実際に数字を挙げている実績こそが評価すべきポイント**なのです。どんな仕事でどれだけ収益貢献しているかで自分らしさを精一杯表現して印象づけるのが、もっとも優れたアピールになると思います。そうすれば、すぐにあなたのことを覚えてくれるでしょう。

辛口くらいがちょうどいい

私は海外企業に勤務していたとき「日本人なのに全然おとなしくない、あのspicy girl（辛口の女）いるでしょ？」「ああ、シラフジね」という感じで覚えられていました。日本人の女性はおとなしく奥ゆかしいと思われているので、全くその反対のキャラクターであるだけで、彼らからは「ユニークな人」と覚えられたものです。その点ではちょっと得をしたと思います。

海外では、〝出る杭〟こそがみんなに注目され、受け容れられます。これまで出しゃばりと言われてきたみなさん。遠慮は必要ありません。もっとのびのびと自分を出して、アピール上手を目指してください。

24 理不尽な攻撃には、それを上回る迫力で反撃する

いざというとき、感情のコントロールは無用

日本人は子どもの頃から、人前では感情をコントロールするように訓練されていますが、ここぞというときは、感情のフタを外して応戦するべきです。

私がかつてアメリカで、サプライチェーンのマネジメントを担当するセクションに勤務していた頃の話です。当時の上司は、毎回判で押したように同じ数量の材料を発注するよう、私に命じていました。収益を目的とした企業活動ではあり得ない行為です。「需要予測に照らして、今後の発注はこの程度まで減らしたほうがいい」と進言しても、聞く耳を持ちません。

そして案の定、数ヶ月後に需要が落ち込み、製品の生産数が過剰になって、材料の在庫を抱えるはめになりました。そのとき上司は、「これはどういうことだ」と問う事業部の責任者に向かって、こう説明したのです。「彼女（私のこと）が発注する数量を読み間違えて、大量の在庫を出してしまった」。そして私のところに来て「You are crazy!」と怒鳴りました。

そこで私は、ボスに負けない迫力で怒鳴り返しました。

「No, I am not. You ordered to me. You are stupid!」

最終的にはそれぞれ50％の責任分担をと要求されましたが、きっぱり断りました。そして私の帰任後も彼女の失態は続き、退職に追い込まれたのでした。

どこの世界にも、人を落とし入れる輩がいます。特に海外では相手の感情の起伏も激しく、迫力があって一瞬ひるみますが、負けないことが大事です。

バカにされない言い回しを覚えよう

一度、誹謗中傷を流されたときには、「Do you wanna be sued?」と言って応戦したことがあります。つまり、心の中では「訴訟を起こされたいか、こらぁ?」という気持ちでした。特にアメリカは訴訟社会なので、誹謗中傷や身に覚えのない悪口を止めさせたいときには、けっこう効果があります。

街中でも、気を強く持っていないと相手に負かされてしまいます。

たとえばタクシーに乗ったとき。タクシードライバーは、受け取ったチップの金額が気に入らないと、「Hey, I cannot accept this chip. It is only a little.」と食ってかかってきます。その場合、その金額しか出せない理由をきちんと説明すると相手は引き下がります。

たとえば「I'm not satisfied with your service.」と切り出し、「運転中に携帯電話でずっと話していたのが、すごくうるさかった」と、具体的に不満だった点を指摘するのです。

それから、買い物や食事をして、クレジットカードで支払いをしたものの、会計が間違っていて払い戻しをしてもらうとき。クレジットカードの支払いを取り消して返金するのは、手続きが面倒なので店員が嫌がります。「返金してください」と店の人に言うと、ニューヨークあたりの大都市では驚くべきことに、「No」と言われることがあります。こんなときも、おとなしく引き下がってはいけません。「Why do you say NO? This is my money! Do you wanna steal my money?」と強い調子で抗議しなければなりません。面倒臭いという理由で平然と「No」と言う相手ですから、強く出て正解。ためらう必要はありません。

海外で暮らす、仕事をするって、なんて疲れるんだろうと思いますか? しかし考えてもみてください。日本にいるときのように我慢する必要はないのですから、ある意味何事もやりやすいとも言えます。理不尽に対しては、遠慮なく反撃しようではありませんか。

まとめ

18 敬語と語彙力を意識して学ぼう

19 目的⇒理由⇒結論の順番で話そう

20 どんな上司かによって対応を変えよう

21 商談では岡本太郎になりきろう

22 アポの成否は事前準備のシミュレーションで決まる

23 仕事の成果を数字で示してアピールしよう

24 理不尽な攻撃には、迫力をもって応戦しよう

第4章

世界で活躍する人がやっている仕事の進め方

25 計画は100%時間内に実行する

最低限の時間で業務を完全に遂行した人だけが評価される

海外では「事業計画は何が何でも絶対遂行」です。

「1年後にはこの目標を達成する」「3年後にはここまでやり遂げる」という具合に、横軸に時間、縦軸に進捗を置いて仕事を進めていきます。日本の企業と仕事をするとき、この「いつまでに」という〆切を意識していない人があまりにも多いことに驚かされます。

この事業計画への向き合い方、認識にズレがあっては、海外の人たちと一緒の仕事はうまくいきません。

グローバルに活躍する日本人は、定められた時間内に100%の業務を遂行しなければ、能力を認められないことをよく知っています。そのため業務に着手する前に、どうすればそれができるのか、具体策を徹底的に考えます。とはいえ、よけいな時間をかけることはできません。最低限の時間で具体策を練り上げるクセをつけています。

具体策を練り上げたら、実行に移す前に上司に報告して詳細を説明します。そして上司とともに、「この具体策をクリアするためにはどうすればいいと思う?」といった話を重ね、実行可能なレベルまで修正を加えていきます。その後、上司がゴーサインを出すわけです。

台本を書いて一人ツッコミをする

それでは、一人で現地に駐在していて相談する上司がいない場合やフリーランスで仕事をしている場合はどうすればいいでしょうか。何もかも自分一人で具体的なプランを立てて、それを完結させなければなりません。

そうした場合は、自分でまず大まかな筋立てをつくります。最初のアプローチをしてアポイントメントを取る、相手に会えたら、こういう話からはじめて、次にこの話を……という具合に、トークの台本を書いていきます。それに対して、**相手の立場に立ってツッコミを入れていく**のです。

場合によっては、書いた後、一日空けてチェックしたほうが客観的に見ることができ、的確なツッコミができるかもしれません。

トップの人は常にシミュレーションをしている

いずれにしても、客観的に見ることで、「自分がこの取引先だったら、ここでこういう疑問をぶつけるだろう」とか「ここまで自分たちのウリばかり話しているから、このあたりのタイミングで相手が何を求めているのかをヒアリングしないといけないいな」といった課題が次々と見えてきます。それを、「こうすればうまくいきそう」という解決方法で埋めていくのです。要するにシミュレーションです。

最初にこのシミュレーションがしっかりできていれば、実行に移しても、計画していた「時間と進捗」から大きくはずれることはありません。たとえはずれたとしても、想定内としてシミュレーションしていれば、対処するのは難しいことではないはずです。

実はこの進め方は海外に限ったことではありません。日本でトップセールスを実現している人たちもたいてい、同様のシミュレーションを実践しています。

ぜひ今から自分の仕事にこの手法を取り入れて、慣れておくことをおすすめします。将来、どこでどんな仕事をすることになったとしても、必ず役に立つはずです。

26 自分の意見は堂々と言う

みんな、あなたのユニークな意見を待っている

先にもお話ししましたが、海外では他の人と違う考えを言うことをアピールすることが美徳になります。アピールし続けることで存在価値が認められる文化ですから、**「空気を読もう」といった気づかいは一切不要**です。

特に、合意を得るのが目的ではなく、メンバー全員の考えを出すのが目的の企画会議では、自分の判断や考えを主張できなければ意味がありません。「I have a different opinion.」「I have a different point of view.」などの言葉を使って、自分の意見をどんどん出していきます。もう少し柔らかい言い方がよ

ければ、「May I introduce our method?」「May I introduce our thinking?」という言い方もあります。

それに対して相手も、「Effective.」とか「Unique.」、「It's so good!」などの反応を返してくれます。あまり感心しない意見であれば、「Inefficient.」と言われてしまうこともありますが。

ユニークな意見、他に類を見ないきわ立った意見というのは、日本では非難の対象になりがちですが、海外では十分に相手の興味を引きます。「Why do you arrange such a unique design?」と聞かれれば、あなたに興味があるということ。「**違いこそ美徳**」ですから、遠慮なく自分の意見を述べてください。

とはいえ、慣れていない人がいきなり自分の判断や考えを主張するのはハードルが高いと思います。そこで、最低限気をつけるべきことをお話しします。日本人が気づかないうちに間違えてしまっている、海外特有のノウハウです。

「世の中の意見」とは誰の意見か？

ひとつは、**回りくどい言い方を慎むこと**。

そしてもうひとつは、**意見の出所を明確に伝えること**です。

日本では、会議の席などで何か反論を述べる際、自分の意見をそのままぶつけて場をしらけさせないように気を遣います。「みなさんの意見はごもっともですし、私もこう考えますが、一般的にはこういう角度からのこうした見方もあるかと思います。それについては検討の必要があるのではないでしょうか」といった言い方をします。自分の意見はともかく、世の中にはもっと別の見方もあるといった表現を使えば、角が立たないということでしょう。

しかし、海外でこの言い方は通用しません。意見の出所を曖昧にして発言すると、決まって「Whose opinion?」という鋭い質問が飛んできます。**相手に納得してもらうには、まずその意見の出所をはっきりさせないといけない**のです。

私自身にも経験があります。「市場の意見としては……」と曖昧な言い方をしたところ、「Whose opinion? Your opinion? Your boss's opinion? General opinion?」と、厳しく詰め寄られました。

有名な経営者の言葉を引用して、「○○氏の意見では……」と話す方法もないことはないのですが、「君は彼ではないのだから、彼の考えなどパーフェクトにわかるわけがないじゃないか」と反論されればひとたまりもありません。どこまでも自信を持って貫き通すためには、自分の意見を「My opinion」として堂々と主張するのが安全策です。

最初は自分の意見を言うことに抵抗があるかもしれませんが、続けていくうちにきっと慣れてきます。ふだん、婉曲な言い方・伝え方をしていないか振り返り、少しずつ自分の意見を言っていくように心がけましょう。

27 プレゼン前に脚本をつくる

本番前に何度もシミュレーションする

日本人がプレゼンテーションで陥りやすい失敗には2つあります。

1つ目は、とにかく自社のことばかり主張してしまうケース。相手からすれば、「それが当社とどういう関わりがあるの？　当社にとってどんなメリットがあるの？」となり、とうてい納得してくれません。

先の項目で、日本人は周りの空気ばかり読んで、自分の意見を上手に主張できないと書きましたが、プレゼンテーションではその逆です。自分の優位点ばかりアピールして、相手のメリットに言及しようとしない傾向があります。

「会議では自分の意見をスパッと言い、プレゼンテーションでは自分のことよりまず相手のメリットを伝える」という具合に、発想を逆にすればいいのです。

プレゼンテーションで陥りやすい失敗の2つ目は、最初にプレゼンテーションの目的をはっきり伝えないことです。

日本人は目的を不透明にしたまま話を進めることが少なくありません。プレゼンテーションに限らず、商談でも同様です。ところが海外ではまず、プレゼンの場面にせよ、商談の場面にせよ、**目的を明確に伝えるのが一般的**です。

「当社の技術を紹介して、意見をいただきたくて参りました」というように、自己紹介のあと、すぐに目的を話すべきです。そうでなければ、相手から「今日はどうして来たんですか?」と質問されてしまいます。

「営業の人間がプレゼンしに来たんだから、商品を買ってほしいに決まっているだろう」という考えは通用しません。

プレゼンは映画の脚本に学べ

以上の2つを踏まえたうえで、**事前にプレゼンテーションのシミュレーションをしておく**のです。シミュレーションとは、要するに想定問答を集めた脚本づくりです。想定できる反論はすべて準備しておく必要があります。

海外では、プレゼンをした後、相手から質問を浴びせられるくらいでなければいい結果につながりません。相手は、その話に関心があるから質問をするのです。**質問が何も出ないということは、関心を持てなかったということ**です。いくつもの質問が出て、それに対して答え、するとまた意見が飛んで来るというように、活発に会話をしてはじめて、本格的な商談へとコマを進められると考えて問題ありません。ですから、単に相手にわかりやすく説明するだけでは不十分です。相手から出てくるであろう質問、意見、反論を十分に考え、事前に出し尽くして検討しておかなければいけないのです。

私自身、アメリカでの仕事を通して脚本づくりに戦略的に取り組むようになりました。参考にしたのは映画です。映画には、必ず〝見せ場〟があります。その〝見せ場〟を読み取ることを通して、自分が一番言いたいことをプレゼンのどこに持っていくか、どこにメリハリをつけるかを意識しました。

欧米では、プレゼンテーションスキルを身につけるための教科書が豊富ですから、働く人たちは、脚本のつくり方、伝え方などを徹底的に勉強します。また、いざ本番に臨む際は、事前に何度も稽古します。その力の入りようは想像以上です。そうした人たちと互角に渡り合うためには、綿密な準備が必要です。頭でシミュレーションするだけでなく、自分でつくった脚本を演じる練習をしてください。今の時代、ＴＥＤのカンファレンスやお笑いのライブ映像などもも優れたお手本になると思います。

28 相手が思わず「YES」と言いたくなる弾を用意する

数字に落とし込んだ結論でしっかり補強

では、商談やプレゼンテーションで相手の心をつかみ、「Yes」と言わせてしまう秘策とは、いったい何でしょうか。

それは、自社とつき合うことで相手がどれだけメリットになるのかを、きちんと数字で示すことです。これは、相手が上司など社内の人でも、取引先でも同じです。

グローバルビジネスで結果を出す人は、常に数字に落とし込む訓練をしているという特徴があります。

図5　相手が思わず「YES」と言いたくなる伝え方

❶ まず目的を話し、結論に至るまでの筋道、ストーリーを展開させる

❷ 金額やパーセンテージなどの数字にしっかり落とし込んだ結論を導く

例　3時間の時間短縮になる／ 792 ドルのコストダウンになる　など

❸ どれだけ相手の得になるかを伝える

たとえば、業務改善の方法を上司に提案することになったとします。
あなたなら、どんな風にプレゼンしますか？

●新しいやり方を取り入れると、業務時間が毎日10分は短縮される
●月の営業日が20日間だとすると、10分×20日間＝月200分、3・3時間の時間短縮になる
●自分の時給が仮に20ドルだとすれば、年間20ドル×3・3時間×12ヶ月＝792ドルのコストダウンになる

……といった具合です。具体的な金額のほか、コストダウンや売上アップのパーセンテージを示すのが何より有効です。

「まず目的、それから理由」の順に話す

また、同時に注意を払わなければならないのが、**言語の違い**についてです。
日本語は、主語と述語の間に、説明や修飾をする言葉がたくさん入っています。

一方、英語や中国語は、まず主語と述語（動詞）が文の冒頭に来て、その理由や詳細は後から述べる構造になっています。この異なった構造の言葉を話す時点で、考える順番が違ってきているのです。

日本人が英語を話すとき、日本語を一度頭の中で翻訳してから英語を話すというケースも多いのですが、このやり方だと伝わりにくい場合があります。くり返しになりますが、考える順番がそもそも違うので、相手から「何が言いたいのかがわからない」と言われてしまうことになります。

そこで、プレゼンテーションの項目でもお話しした通り、

1 まず目的を話し、結論に至るまでの筋道、ストーリーを展開させる

2 金額やパーセンテージなどの数字にしっかり落とし込んだ結論を導く

3 どれだけ相手の得になるかを伝える

というのが、相手の心をつかむ秘訣です。

実際に海外のビジネスパーソンの話を聞いていると、だいたいこのような組み立てになっています。

29 スキマ時間を使ってコミュニケーションをとる

スキマ時間を使ったコミュニケーションが結果を生む

先の項目で、海外企業では、日本企業以上に目標達成に対するこだわりが強いとお伝えしました。達成できなければ容赦なくクビになることもある世界ですので、それだけ緊張感が高い環境とも言えます。

常によりよいパフォーマンスを行なうため、部やチームではよくコミュニケーションをとっています。

おもしろいのが、**優れた成果を上げているチームほど、よくコミュニケーションをとっている**ということです。オフィスの通路で立ち話をしている光景も珍しくありません。「今こんな状況があり、問題を抱えている。何か解決策はないだろうか」と最新状況を仲間に伝達し、即対応を考えようとすると、熱い議論が巻き起こります。その内容が緊急であればあるほど、即時の対応が求められるため、チームメンバーは協力を惜しみません。つまりコミュニケーションは、プライオリティを考えてとる必要があるのです

別の項目で、質問は手短かにとお伝えしたように、時間に対して厳しい意識を持っていることは変わりません。ですから、**会議の前後や休憩時間、ランチや休憩時間などのスキマ時間をうまく使ってコミュニケーションを取るようにしている**のです。

誰もが自然とそうしているのは、そこから新しい会話が生まれ、それが戦略的なプランへとつながり、自分を成長させることになると、それぞれが理解しているからとも言えます。

「会社が何かをしてくれる」という発想は皆無

日本企業のように、企業側がすすんでレクリエーションの場をつくるという発想はあまりありません。

アメリカのシリコンバレーにあるＩＴ企業の中には、レクリエーションを活発に行なう企業も見受けられます。ただ、それは会社が従業員のモチベーションのために力を入れているというより、多くが「リフレッシュのため」です。最終的に結果を出せるなら、あとは比較的自由で構わないという考え方のもとに成り立っている、人事管理ならではの特異な環境と言えます。

特にアメリカのＩＴ業界は、社員一人ひとりに厳しいミッションを突きつけ、結果を詳細に追いかけるスタイルをとる企業が多い傾向にあります。その分、ミッション達成以外についてはは驚くほど自由で野放しです。

自由といえば、職場に家族が出入りするなどの光景が見られるのも、海外の職場ならではと言えるでしょう。よく海外ドラマで、主人公の職場に家族が普通に出入りしているシーンがありますが、あれも結果を出すならそれ以外のことはあれこれ言わないことを表していると思います。

もちろん、結果に対してねぎらう気持ちがないわけではありません。どの業界でもマネジャー以上の役職者の懇親会といったイベントは、会社が費用負担して年に1回程度開催している企業が多いようです。1年間マネジャーとして頑張ってくれたことに対する会社からのねぎらいの意味があります。

また、職場のメンバー同士が交流できるように、立食パーティーなど非公式な食事会を開く企業もあります。日頃はパーテーションで区切られた狭い空間の中で仕事をしているため、イベントは会社全体で交流できる開かれた場であり、会社をリアルに感じる機会となります。

すべては、収益を上げるという目的に向けたコミュニケーションと、それを生み出すチームワークづくりのキーポイントなのです。

30 部下への指示は「十分すぎるくらい細かく」が基本

指示されていない仕事は、「仕事」ではない？

海外の企業では、「ジョブ・ディスクリプション」と「レポートライン」が定められています。「ジョブ・ディスクリプション」とは前にもお伝えした職務明細のことで、従業員一人ひとりの職務範囲が事細かに決められているものです。従業員はそこに挙げられている業務はすべて担当しなければなりませんし、それを逸脱してそれ以外の仕事に手を出してはいけません。

一方、「レポートライン」とは、企業の中で業務指示やアドバイスのやりとりをする系統のことです。これによって定められた上司に業務報告や相談をしなければなりませんし、それ以外の人に業務連絡や相談をしてはいけないというルールになっています。部下に指示したり、報告を求める際も同様です。

日本でも直属の上司というのは決まっていると思いますが、レポートラインほど厳密に行動を制限するものではありません。本来は課長に相談することを、課長が不在だから部長に相談したとしても大きな問題にはならないでしょう。ところが海外の企業ではそういうわけにはいきません。**自分の勝手な判断で相談の相手を変えてしまったら、即座に「ルール違反」になる**のです。

関係者だけで重要な会議を行なうことになった場合は、「いつ、どこで、誰を呼んで、どのような内容について話し合いをしたいので、同席してもらいたい」というように、細かく指示を出して、集合をかけなければ参加の同意を得られません。説明が不十分だと、「どうして自分が参加しないといけないのですか」「私にも関係があるのですか」という質問が必ず来て、意図を確認されます。そして会議当日までに、「どんな段取りで進行し、どんな資料を用意して、結論としてこんな内容を引き出したい」という議事進行まで部下と打ち合わせて、「こんな資料を用意しておくように」と詳細がわかるように指示します。

「気を利かせて指示されていない仕事をした」はルール違反

日本企業の中には、特に明確に指示をしなくても、部下が気を利かせて資料を用意してくれることがあるかと思います。

ところが、海外ではそうはいきません。先ほど説明したジョブ・ディスクリプションとレポートラインがあるからです。

たとえば、ある部下のジョブ・ディスクリプションに「アシスタント業務」と定められていて、会議資料の作成もここで規定されている業務だとします。

しかし、指示されていないのに、「必要だろうから」と気を利かせたつもりで勝手に資料を作成したら、相手にあからさまに嫌な顔をされます。「必要ない」と捨てられてしまっても文句は言えません。**アシスタント業務である以上、自分の勝手な判断で進めることはルール違反**です。

もし上司が不在で、資料を作成する必要があるかどうか判断がつかないなら、わかりそうな人を探して聞いてみるなり、相談するなりすればいいのに。日本企業に勤めていれば、そういう理屈も通用すると思います。しかし、レポートラインがきちんと決まっている組織では、そんなことはできません。**仕事を頼まれる側は、ルールを侵してまで仕事を進めてはいけない**のです。万が一間違ったことをしてしまえば、責任問題にもなりかねません。日本人から見たら「この程度のことで責任問題なんて」と思うようなことでも、ルールはルールです。

海外で仕事をするなら、こういった事情をきちんと理解しておく必要があります。仕事を指示する場合は、相手が間違いなく最後までできるように、こと細かに指示することを心掛けましょう。

31 完璧にできない「おもてなし」はしない

おもてなしは、するなら徹底的に。できないならしなくてOK

「おもてなし」に対する考え方ほど、日本と海外で異なることはありません。日本の企業で来客があったときには、特に相手の意向を確かめずに、お茶やコーヒーを出すのが普通です。それはおもてなしだと誰もが思っていて、相手側も出された飲み物を黙って飲むというのが当たり前の光景です。

ところが、海外、特に欧米や中東では、おもてなしをする以上は、完璧に相手の好みを反映するべきであるという感覚です。相手がほしいと言っていない飲み物を黙って出しても、それは全くおもてなしにはなりません。

たとえばコーヒーを出すとしたら、まずコーヒーが飲みたいかどうかを聞きます。さらにレギュラーコーヒーかデカフェか、飲み方はブラックか、砂糖やミルクを入れるのか、サイズはS、M、Lのどれがいいのか、といったことを細かく確認して、その通りのものを出さなければなりません。

来客のたびにそんな労力を割けないというなら、無理して飲み物を出す必要もありません。海外では訪問先で飲み物が出てこなくても誰も気にしません。訪問者自身が持参するケースもあります。

私が日本のオフィスに外国人のお客様を迎えるときには、最初に飲料の自動販売機の前に連れて行って「好きな飲み物を選んでください」と言います。日本の自動販売機には、日本茶、紅茶、コーヒーといった種類が揃っていますから、なかなか便利です。

また、接待についての感覚にも、国柄の違いがあります。

たとえば日本人は企業が休みの日曜日、取引先の人を招いてゴルフに出掛けることがあります。これも国や民族によって違和感なく受け容れられる場合と、嫌がられる場合があります。中国人は、仕事の延長として休日、同じメンバーと遊ぶというのが平気だと言います。しかし、欧米人はたいてい嫌います。それは、仕事をする日と休む日をはっきり分ける習慣が身についているからです。

接待を断られても、全く気にしなくてOK

接待も先ほどの飲み物の話と同じで、相手の意向をまず確かめて、中途半端なおもてなしにならないようにすることです。

日本の外資系企業では、本国から出張してくる経営者や役員、事業部長らを迎えるため、秘書のみなさんは誰をどんな店に案内したらいいかというリストを持っているようです。「あの役員はなまものが食べられないから寿司はダメ、天ぷらはＯＫ」と、個人の好みについてもデータをストックしています。

ベジタリアンであるとか、宗教上の理由で豚肉や牛肉が食べられないなどのデータも同様です。

海外の場合、仕事に集中することが大切なので、それ以外によけいな気を遣う必要はありません。

来日している外国人のお客様を夜、食事に招こうとして「夜はゆっくり休みたいので私は行きません」と断わられることがあります。日本人は一度断られても「まあまあ、そう言わずにぜひご一緒しましょう」と何度か誘わないといけないと思いがちです。しかし、外国人の場合、「行かない」と返事をしたときは本当に行くつもりはないので、しつこく誘わないほうがいいでしょう。

外国人をおもてなしするときは相手の意向を聞き、それに対する返事は額面通りに受け取ればいいのです。「気づかいや遠慮から、心にもないことを言っているのでは？」という深読みは必要ありません。

まとめ

25 最低限の時間で具体策を練り上げるクセをつけよう

26 回りくどい言い方はやめ、直球勝負で意見を言おう

27 プレゼンは映画の脚本に学ぼう

28 商談やプレゼンでは目的⇒理由の順に話そう

29 スキマ時間を使ってコミュニケーションをとろう

30 指示するときは細部までこだわろう

31 海外で接待を断られても気にしなくてOK

第5章

海外に行く前に身につけておきたい教養

32
最低限知っておきたい「地理・世界史・日本史」

自国の歴史を知らないことが、落ち度になる

世界で活躍するビジネスパーソンは、必ず地理と世界史を勉強しています。2014年頃から地政学がちょっとしたブームとなっているように、国の立地条件が経済に大きな影響を与えるということはビジネスの常識です。最低限の知識を持っておいて損はありません。

また、自国の歴史を知っておくことも重要です。世界のあちこちに行くと、第二次世界大戦当時の日本軍について記憶している人はまだ多く、当時の様子について意見を求められたり、絡まれたりすることがよくあります。特にオフ

タイムに街に出たときには注意が必要です。

こうしたことに備えて、第二次世界大戦前後の1940年代から1960年代くらいまでに何があったか、何をしたのかを知っておくことです。必要に迫られない限り自分から言及する必要はありませんが、反日感情を持っている人がどこにいるかを知っているだけでも、だいぶ違います。

たとえば日本軍の南方作戦というのは、香港、シンガポール、ミャンマーといった東南アジアやオセアニアにも及んでいて、そのことを知らないと痛い目に遭います。オーストラリアに反日感情の強い人がいることを、50代以上の人から聞くこともよくあります。こういうことは現地に行ってはじめて知ることもあるかと思いますが、行く前に勉強しておくべきだと思います。

もしも「あのときの日本軍の行為をどう思っているのか」と質問されたら、そのときは逃げずにきちんと自分の意見を述べるのが一番ですし、実際に私はそうしています。「戦争のことは私も知っています。しかし私は1960年代生まれ、戦争が終わって15年もたってから生まれた世代です。そういう世代の日本人として、今、未来に向かって何をすべきかを考え、前を向いて歩いていきたいと思っています」。このように答えることで、たいていは聞く耳を持ってもらえますし、相手も納得し、受け容れてくれます。

戦争の歴史を知らないとどうなるか

実は古い話なのですが、戦後史を知らずに、大変な目に遭ったことが私にもあります。私は１９８０年代に、東京・丸の内の英会話サークルに参加していたことがありました。そこには外務省の役人や、当時あった『ニューズウィーク』の支局の特派員ら、そうそうたるメンバーが集まっていました。

そこで私が「日本史は得意ですが、第二次世界大戦以降の歴史は、学校ではあまり丁寧に習わなかったからよく知りません」という発言を、うっかりしてしまったのです。それで、「日本人の若手は戦争の歴史を何も勉強していない」ということを、『ニューズウィーク』に書かれてしまったわけです。

その後、1990年代になってアメリカで働いていたときに、私と同年代のアメリカ人の同僚がその記事を覚えていて、たまたま話題に出たことがありました。もうあれから何年も経っていたのにまだ話題にされていることに驚きました。しかし正直に「それ、どうやら私の発言がネタになって書かれたふしがあるんだよね」と言ってみたところ、「え、あなたがネタ元なの？　なんで戦争の歴史を勉強していないの？」と、改めて責められました。戦争の歴史を知らないということが、こんなに尾を引くものなのかと思った最初の出来事です。

本音を言うと、仕事をするうえで何も知らないほうが良かったと思うことはたくさんあります。しかし、やはり海外に出ていく以上、**自国の歴史については全般的に知っておくべき**です。質問されたときに「私は何も知らない」では済まされません。日本人へのわだかまりを持って接してくる相手にとっては、知らないということはその人の落ち度でしかないのです。「知らないなら仕方ない」とは思ってくれないので、そのつもりで学んでおくことが大切です。

33 話題づくりに欠かせない「日本の文化」

茶道・生け花・相撲は鉄板ネタ

海外の方との会話では、日本文化がよく話題にのぼります。せっかく相手も興味を持って話を振ってくれるのですから、何か語れるようにしておくといいでしょう。ちょっとした会食や仕事のつき合いのゴルフなどで話が出ることが多いので、話題づくりのつもりで知識を仕入れておくと話が弾みます。

海外の人に人気のある日本文化は、禅、茶道、生け花です。中でも禅は、アメリカのアッパー層、経営者やシニアマネジャーといったインテリの人たちに

図6　日本文化を語るときに役立つ本

『菊と刀』

アメリカの文化人類学者、ルース・ベネディクトの著書。戦時中の研究をもとに1946年に出版された、日本文化の解説書です。

『タテ社会の人間関係』

社会人類学者、中根千枝の著書（1967年出版）。日本社会における人間関係がテーマになっています。

『知識創造企業』

経営学者であり一橋大学名誉教授、野中郁次郎の著書（竹内弘高との共著）。彼の提唱する「知識経営論」は、発表当時アメリカで注目されましたが、それが最もよくわかるのが本書です（1996年出版）。何でも言葉にして伝える西洋の「形式知」が、日本の「暗黙知」とは異なっていることを理解できると思います。

人気があります。茶道については、茶会や茶席（英語では「tea ceremony」と言います）に出たことのある外国人が多いので、話題になりやすいという事情があります。

生け花は、アメリカ、ヨーロッパ、東南アジアと、広範囲にわたり好まれています。ヨーロッパのフラワーアレンジメントの愛好者は世界中にいますが、それと日本の生け花との違いに関心を寄せている人も多いようです。

フラワーアレンジメントやガーデニングが好きな人は多いので、花や植物の名前を英語で言えるようにしておくと話が広がります。

それから、日本文化の代表的なものとして、相撲もよく話題にのぼります。欧米人にとって、日本髪を結って、裸にまわしだけ身につけた格好はかなり特異に映るようで、興味津々のようです。「まわしって、100％シルクでできているんだよ」と豆知識を披露すると、「へえ。まわしってずいぶんゴージャスなんだね」などと感想が飛び出し、同僚とのランチもかなり盛り上がります。

また、たいていの人が好きで話が弾むテーマが食文化です。特に日本の寿司はみんなが知っているので、便利な話題です。かつてはタコを食べるのは日本以外ではイタリア、スペインくらいでしたが、今ではすっかりポピュラーになって、アメリカ人やイギリス人も食べるようになりました。寿司ネタについては、名前は何で、どういうものなのか、英語で言えるようにしておくと使えます。相手も、日本人だから当然教えてくれるだろうと期待しています。

食の話はどこに行っても尽きないので、料理や食材の英語名はできるだけ覚えておくといいでしょう。たとえば「世界中に中華料理はあるけれど、なんで場所によって味がこんなに違うんだろうね」という話題はよく出てきます。

日本文化を語るときは、151ページの図6に挙げた3冊の本が役立ちます。

34 グローバルビジネスでは必須！「各国の政治情勢」

政治の動きを知るために読んでおきたいメディアとは？

ビジネスでは、政治の話には触れないのが基本です。雑談で政治家のことが話題にされることはありますが、世界のビジネスパーソンは景気を盛り上げてくれる政治家にしか興味がないので、その機会はそれほど多くはありません。

では、政治についてては知らなくていいのかというと、そんなことはありません。いざというとき、適切に対処するためにも、政治についての情報を日々注意深く収集しておくことは、グローバルビジネスにおいては不可欠です。

政治のどんな動きが、ビジネスにどのように影響するのかを知るためには、まずイギリスの日刊新聞『インディペンデント』、同じく週刊新聞(雑誌の体裁を取っている)『タイムズ』、アメリカ・ワシントンの日刊新聞『ワシントン・ポスト』などを欠かさず読むことです。これらの媒体は、わざわざ買いに行かなくても今はインターネットで電子版を読むことができますから、最も手軽な情報源になります。さらにその国の地元紙を読んでおくことも大切です。

そして、情報が早いのはSNSです。政情不安に関する注意や警告は、政府や企業の危機管理部門からも発信されますが、暴動が起こるとか、空港が封鎖されるなどの一刻を争うニュースには、ツイッターやフェイスブックなどを見てアンテナを張っておくようにします。

また、相手があえて日本の政治の話題を振ってくる場合は、それだけ日本に関心があると言えます。どんな話し方をするのかによって相手の親日度が図れるので、今後一緒にビジネスをしていくうえで役には立ちます。しかし「関心がある」と言っても、必ずしもいい印象を持っているとは限らず、嫌いだから知っていることもあります。もし日本の政治についての話が相手から出てきたら、「ひょっとしたら日本が嫌いなのかもしれない」くらいに思っておいたほうが無難です。

政治の話がタブーな国

政治の話題で、特に相当な注意が必要な国をいくつか挙げておきましょう。中国、ベトナム、などの共産圏では、何が何でも政治の話はタブーです。決して口に出さないこと。本人は批判しているつもりがなくても、どこで誰が聞いていて「あいつは政府を批判している」と受け取りかねません。

インドネシア、マレーシア、パキスタンなどイスラム教の国では、ゲリラやスパイが街に潜入している可能性もあるので、日頃から注意が必要です。

海外で仕事をしていると、自分では予想もしていないところで政治のとばっちりを受けるということはよくあります。少しでも影響を軽くするために、あるいは本当に情勢が悪くなってきたときに国外退去のタイミングを適切に見計らうためにも、その国の政治は必ず知っておいてください。

新聞などのメディアで情報を集めてきたところで、いきなり知らない国の政治が簡単にわかるはずもありません。最初はよくわからなくて面白くないと感じるかもしれませんが、情報収集を毎日我慢して続けているうちに、だんだん全貌がわかるようになります。**まずはひとつでもいいので興味を持てるポイントを探してみましょう**。そのうち必ず、興味を持てる日がきます。

35 ファストフードの価格から学ぶ「経済」

「2つの数字」から経済の動きがわかる

グローバルビジネスに取り組むうえで、各国の経済情勢を仕入れることは不可欠です。『フィナンシャル・タイムズ』『エコノミスト』『ウォール・ストリート・ジャーナル』及びその国の地元紙から、毎日継続的に情報を集めることが基本になります。

また、経済に関する知識も必要です。経済の基礎知識なくしては、メディアからの情報を自分なりに理解し、分析し、今後の予測を立てることすらできません。といっても、最初から眉間にシワを寄せる必要はありません。知識と言っても、高校の「政経」の授業で習う程度の、本当に基礎の基礎がけっこう使えるからです。仕事に取り組んできた中で感じてきた経済の知識とうまく合わせていけば、分析から予測への力は、ある程度は身につきます。

経済の動きをつかんでおくために、次の２つの数字は押さえておきましょう。

1 GDP

ＧＤＰ（国内総生産）は、その国の経済規模、経済成長を測るものさしとなる数字です。このＧＤＰや中央銀行の動き、そして政治における様々な取り決めが、経済を動かすおおもとの要因になっています。

2 為替

為替が変動すると、すぐに原材料費の取引価格にはね返ってきます。商品やサービスなどの物価を左右し、景気を上下させるため、これは絶対にはずせません。

世界各国の為替と物価を比較考察する際には、何かひとつ指標となる共通の商品を決めて、その価格を比べてみるという手があります。

経済を知りたければ、ファストフード店に注目せよ

たとえば、世界中に店舗を展開するファストフード店は、経済指標にふさわしいと考えています。原材料や店舗にかかる光熱費等のコスト、人件費など、様々な要因によって価格が決められるからです。

仮に、あるメニューが日本で３２０円、アメリカで４ドルだとします。この場合、３２０÷４＝80、つまり、１ドル＝80円を「ファストフード指数」として、為替相場と比較します。ここで今の為替相場が１ドル＝１２０円だとすると、ファストフード指数のほうが為替相場より円高なので、為替はこれから円高に向かって動くだろうという推測が成り立つわけです。

為替相場自体が、大まかに言えば国同士の経済力の差を反映していますから、各国のファストフードの価格は、そのまま経済力の比較にも使えます。

為替に絡む貿易収支は、当然その国の国民の所得額や失業率などの景気動向に影響を及ぼします。日本で「円高」「円安」が大きなニュースになるのは、

日本が貿易立国であるため、為替の変動が景気動向を左右するからです。

こうした景気動向は、どの国にいても必ず押さえておくべきです。その国の市場でモノが売れるかという消費の判断基準になります。

たとえば所得が下がり、失業率が上がれば、消費者の購買意欲が下がりますから、各企業では市場を先読みし、生産計画を検討・修正することになります。

個人消費を読む場合の指標としてわかりやすいのは、「自動車販売台数」です。所得が下がると連動して低くなっていくので、その国の個人消費の現状を測ったり、経済の状況を把握するにはかなり正確な基準になっています。

このほかにも様々な経済指標があるので、どの数字をどう使い、何が予測できるのかを自分で覚えておくといいでしょう。解説書『ウォールストリート・ジャーナル式　経済指標　読み方のルール』(サイモン・コンスタブル、ロバート・E・ライト著／かんき出版)も出版されていますから、参考にするといいと思います。

36 相手国が身近に感じられるようになる「宗教」

しきたりやマナーは素直に聞こう

海外で働くということは、さまざまな民族の人と働くということでもあります。そのため、仏教、イスラム教、キリスト教など主な宗教については、経典や教えをひと通り知っていると便利です。

一緒に働くメンバーの国の祝日やイベントには敬意を表し、「どういうお祝いなの?」と声をかけてみましょう。そのほかにも、しきたりやマナーについてわからないことは、素直に「教えてください」と言えば、たいていは丁寧に教えてくれます。**常に敬意を持って接することがポイント**です。

イスラム圏で事業を展開しているグローバル企業では、大勢のイスラム教徒が勤務しています。そこでは多くの場合、社内モスク（礼拝所）を設けています。日に5回、お祈りの時間があります。イスラム教徒にとってお祈りは欠かせませんから、たとえ勤務中でもそれができないのは大問題なのです。もし認められなければ、人事部門に「精神的に耐えられないので何とかしてほしい」という申し入れがあるほどです。**社内モスクは、日常生活とのつながりも深く、メンタルヘルスケアの面でも不可欠な施設**なのです。

アメリカ、中国、東南アジアでは、キリスト教徒のために社内チャーチ（教会）を設けている企業もあると聞いています。それだけ、宗教が生活に密着していて切り離せない人たちが世界にはたくさんいるということです。

各宗教で注意すべきポイント

ヒンズー教は基本的に肉食を禁じています。中でも牛は、ヒンズー教では神聖な動物ですから、牛肉は食べません。ヒンズー教徒が多いインドでは、必然的にベジタリアンが多いという特徴があります。ただし、牛乳や乳製品などは、牛を傷つけずに食することができるため、摂取する人もたくさんいます。

イスラム教徒やユダヤ教徒は、血抜きした肉しか食べません。また、どちらも豚肉を食べることは禁じられています。特にユダヤ教では「カシュルート」と呼ばれる厳しい規定があり、食用を許された肉でも、特定の屠殺《とさつ》方法を用いられたものしか食べられません。

ユダヤ教やゾロアスター教など日本人になじみのない宗教にも、世界でよく知られているものがあり、海外で出会う機会が数多くあります。安息日はいつなのか、どんなふうに祈るのかを教わり、やはり敬意を表するべきです。

また、儒教の影響が強い国では、様々な場面で目上の人に対するマナーやルールが定められています。

特に韓国では宴席や会食などの場合、序列によって席順まで細かく決められています。最初はもちろんわからないので、「こちらに座ってよろしいですか？」と尋ねて教えてもらえばいいでしょう。お酌をする際にも、相手を敬うしぐさで行なうので、それも教えてもらってその通りに真似をすることです。シンガポールやマレーシアは、東アジアの中でも儒教圏ではないので、目上、目下の間でもそれほど堅苦しく考えなくて大丈夫です。

ここまで宗教とそれに関連するマナーについて述べてきましたが、海外ではこれほど各民族のアイデンティティーを互いに意識しているのかというと、決してそういうわけではありません。多国籍国家、多民族社会では、多くの民族が一緒に生活し、一緒に働くということがあまりにも当たり前で、意識しすぎることもなく、それぞれが個人と向き合いながら仕事をしています。

ただ、**民族の違いを知ることは、お互い尊重しながら働くことにもつながります**。そのことをどうか忘れずにいてほしいと思います。

まとめ

32 第二次世界大戦前後の歴史は学んでおこう

33 茶道・生け花・相撲の知識は仕入れておこう

34 地元紙を読んで政治の動きを知ろう

35 経済の動向はGDPと為替の動きがカギ

36 宗教のしきたりやマナーは素直に聞こう

第6章

海外でマネジメントする立場になったら

37 上司の仕事は部下の潜在能力を引き出すこと

部下自身に考えさせる機会をつくる

グローバルビジネスに取り組む海外企業のマネジメント職は、チームやセクションに働きかけ、目標をクリアできるようにする重要な役割があります。そのためにも、**部下一人ひとりの潜在能力を引き出し、成長させるということは大切な職務**です。

では、どうすれば潜在能力を引き出せるのでしょうか。

ひとつはメンバーと対話する機会をつくること。**彼らからアイデアを引き出**

しては最適なものを選び、プランニングを行なうことです。「このままでは目標にあと○○ドル足りないが、君はどうすれば達成できると思うか」「君の考えはどうか」と絶えず質問し、部下に自分の考えを話す機会を与えるのです。

部下も、自分の考えがプランニングに反映され、収益に結びつくという実感を得れば、積極的にアイデアを出すようになります。そうなればチーム力も目に見えて底上げされます。

日本人のマネジメント職は、部下の話をじっくり聴くのは得意ですが、自分が話したり、部下に働きかけたりするのはあまり得意ではありません。また、部下の話を最後まで聴いている時間も長い。これが外国人なら、話がだいたい見えてきたところでさっさと割って入り、質問やアドバイスをします。

部下にとっては、じっくり話を聴き、自分のことを理解してくれる上司がうれしくないはずはありません。部下のモチベーションを上げる大きな要因になります。しかし、話を聴いてばかりで自分からキレのいいアドバイスをしてくれない上司に不安や不満を感じる場合もありますので、注意が必要です。

部下が成果を上げられなければ、上司の責任

ところで海外の企業には、日本の企業と違って、「結果はともあれプロセスではよく頑張っていたのでそれを評価する」という発想はありません。**「成果が上がった」「収益アップに貢献した」などの結果こそが評価されます**。ですからたとえば、さして努力をしなくても成果を上げた部下と、たいへん努力をしたのに成果を上げなかった部下がいれば、前者の評価を高くするのが普通です。

ただし忘れてはいけないのは、部下の能力を引き上げるのもまた上司の仕事だということ。努力がきちんと成果に結びつくように途中の段階でリードしなければ、上司は役割を果たしたとは言えません。きちんと部下の相談に乗り、課題を整理させ、どうしたら目標を達成できるのかを部下にシミュレーション

させて、具体的にやるべきことは何かという答えを彼らに持たせることが必要です。もし仮に努力をしたのに成果を上げられなかった部下がいたとしたら、それは上司に責任があるとみなされます。

日本では一人ひとりの職務範囲が漠然としていて、たとえば自分の専門分野ではなくてもその周辺の技術についてたいていのことはわかります。そういう意味では「広く浅いスキル」を身につけています。

一方で海外企業では、特に専門職、技術職において、自分の専門分野については詳しくても、その分野を少しでもはみ出すとわからないのが普通です。

外国人の部下の「狭く深いスキル」は確保しながら、少しずつスキルの間口を広げられるように上司がリードするのも有効です。部下のスキルの価値が高まり、成長できます。そういうマネジメントを考えてみてもいいでしょう。

38 部下の評価はどのように行なうか？

相談は柔軟に、評価はシビアに

日本でも海外でも、マネジメントでは、異なる一人ひとりと向き合っていく必要があります。相手の思考を読み取り、具体的に何をどうすればスキルが上がり、目標を達成できるのかをとことん話し合って詰めていき、それぞれに合ったアドバイスをすることが必要です。型通りの指導だけではなく、時には上司自身のケーススタディも話して聞かせます。それによって収益を上げるためのポイントを考えさせたり、観察させるという柔軟さも求められます。

海外では、同じ職場、同じ職種のメンバーの中でも、スキルのレベルが幅広く、バラエティに富んでいる点にマネジメントの難しさがあると思います。日本企業ではスキルのレベルが比較的均一で、こういう状況に直面することはあまりありません。

極端なことを言えば、たとえば同じ「技術者」として採用されたメンバーの中には、パソコンを丸ごと1台作れたり、宇宙開発に関わる計算をすべてやりこなすほどのスキルを持つ人がいます。その一方で、サイン・コサイン・タンジェントの計算がやっとというスキルの低い人もいるのです。日本企業では信じられないことですが、海外の企業では能力幅が大きいのが現実です。

同じ仕事をしている同じ職種の技術者にこれほどのスキルのギャップがあったとしても、やはりチャンスを与えて潜在能力を引き出していく必要があります。上司として相談に乗り、対話をくり返し、「指示した仕事がここまでできなければダメだよ」という基準をきちんと話して聞かせて、どれだけの結果になるのかを見守ります。

多くの場合、1回目はうまくやれなかったとしても、2回目になれば要求したことの8割程度はできるようになります。3回チャンスを与えれば、ある水準までは引き上げられてくるものです。そこで、たとえ極端にスキルが足りなくても、3回はチャンスを与えつつ、「ただし、3回目に指示した仕事ができなかったらアウトだよ」という〝宣告〟をしておくのです。

日本企業の場合、仮に周りの人たちより極端にスキルが低い人がいたとすれば、その人のレベルに合う仕事を何か与え続けなければなりません。その人のスキルの見極めができないまま、採用した企業に責任があるからです。しかし海外企業の場合は、そんな悠長なことはしません。チャンスは3回与える、その間にレベルのギャップを埋めて結果を出せなければそこで終わり、と実にはっきりしています。

海外企業で評価はどう行なうべきか

ところで、評価や査定についてはどう取り組めばいいのでしょうか。

日本企業の人事制度においては評価の査定基準や反映の仕方が曖昧で、そこが外国人社員にとっては不満を感じる大きな原因になっています。ですから、**日本人のマネジメント職が外国人の部下を評価する際も、明確にすることを求められます**。

これまでよく、海外で「私の業務評価はなぜ上がらないのですか」と部下から詰問される上司の姿をずいぶん見てきました。彼らは日本人と違って主張が強いので、日本人はたいていその迫力に負けてしまいます。しかしこういうときほど冷静に、「あなたの業務遂行能力は確かに十分だが、チームへの貢献がまだ十分ではないよ」と、足りないところを説明することです。筋の通った説明であれば、ほとんどの場合、相手は納得します。

明確な評価を求める相手には、明確な基準に照らして厳しく評価し、わかりやすくシンプルに筋の通ったフィードバックを行なうことを心がけてください。

39

部下の心の健康を維持するために

部下を業務上で孤立させない

日本から海外に赴任した場合、仕事の進め方や環境の違いがストレスになり、メンタルヘルス不全に陥るケースも実は少なくありません。上司としては、赴任してきた部下がストレスに押し潰され、心の健康を害することを、未然に防ぐ必要があります。

まずは、メンタルヘルス不全を引き起こす原因がどんなところにあるのか、海外勤務経験者へのインタビューをもとに、赴任先の問題点を挙げてみます。

左ページの図7をご覧ください。

図7　赴任先での問題点

1.日本の本社と海外現地法人との板挟みになる

日本の本社と海外現地法人とでは、仕事のオペレーションが全く異なります。そのため、本社の意向を反映させられず板挟みになることがあります。要望一つひとつに対応し、業務を進めることに神経を使います。

2.スキル不足

海外赴任は、個人のスキルが伴わないまま命じられるケースも少なくありません。その結果、現地スタッフの強い反発を受けることになります。

3.環境の違い

常に目標が金額やパーセンテージなどの数字で明確に示され、「達成は絶対」という点は、日本とは大きく異なっています。慣れるまでに時間がかかるうえ、場合によっては強迫観念に陥ってしまうこともあります。

4.仕事の進め方、チームの運営になじめない

言葉の通じない現地スタッフに指示し続けることは、大きなプレッシャーになります。また、家族と離れて単身赴任をしなければならない場合も多く、心労が重なるものです。心の均衡を失い、暴力行為に及ぶ、アルコールを過度に摂取する、薬物に手を出す、といった問題が浮上しています。

上司として何をすべきか？

では、そばにいる上司としてできることは何でしょうか。

まずは**気分転換を図り、できるだけストレスを解消するように仕向けること**です。国内では音楽を聴く、映画を観る、趣味に打ち込むなどの方法で乗り切れたことも、海外ではなかなかうまくいきません。現地で新しい人間関係を築き、ひとりでストレスを抱え込まないようにアドバイスしましょう。もちろん、その前によく寝ているか、食事をしっかり取っているかの確認も大切です。

それから、**業務上でも孤立させないこと**。個人の潜在能力を引き出すためだけでなく、その時々の問題点を洗い出す意味でも、対話を重ねていきます。単身赴任で家族と離れ、会いたい人に会えないという孤独感が、業務上の悩みと絡むことで引き起こされる不安は大きいのです。ですから、できる限り家族と過ごす時間を持てるように、1ヶ月に1度は帰国できるように会社側が配慮するなど、業務での課題、悩み、不安を早いうちに解決していくことを考えていくべきでしょう。

そもそもグローバル人材の選抜とは、とても難しいのです。

日本の場合は語学力や業務遂行力を中心に選ばれます。グローバル人材として選ばれた人はたいてい、日頃から精神がタフだと思われています。本人も、赴任先で業務上の悩みや不安を抱えたまま周囲に相談することもなく、ただ我慢していることが多いのです。

本人が少しでも前向きに、うまく意識の切り替えをしたり、気分転換が図れるように周囲が見守ることも大切です。

40 赴任前、赴任中、帰任後のフォロー

赴任者の健康を保つためにすべき3つのこと

海外赴任者が健康を保ち、最大限の力を発揮できるように、人事管理の側からもできることが3つあります。

1 できるだけ着任前の教育を行なう

海外に行くと、言葉や文化からはじまり、組織のあり方、企業内での人間関係、業務の進め方など何から何まで日本とは違っています。そこに対処できるように、着任前の教育でできるだけの準備をさせておくことです。

現地ではメンバーがどんな価値観を持っているのか、どんな流れで仕事をするのかという知識をまず与えることです。日本のやり方そのままでは絶対にうまくいかないと認識させて、現地のやり方に合わせるように指導します。

2　日本語→英語への訓練に立ち会う

日本語をそのまま英語に直訳しても、会話が成り立ちません。どんな風に話せば相手に理解されるのか、実際に練習しながら覚えさせます。この訓練には時間を要しますが、一度クセをつけてしまえば会議、プレゼンテーション、商談など、あらゆる場面で役に立ちます。

3　提案力の強化

日本では、たとえ自分のアイデアがあってもそれを発言しないまま眠らせておくことも数多くあります。アイデアを出したり、企画を作ったりするというのは、それを人にわかるようなシナリオへと落とし込み、説得力のある表現で話すことではじめて成り立ちます。ですから私はいつも、「提案力＝創発力＋思考シナリオ力＋パフォーマンス力」と説明しています。3つの要素が揃ってこそ、強い提案力となるのです。そのことを意識づける教育が重要です。

赴任中だけでなく、帰任後のフォローも欠かさない

赴任中のフォローも必要です。現地で組織運営について理解させながら、業務に慣れるまで教育を行なうトレーナー、専門知識や戦略立案、実践のノウハウなどについて相談できる指導者を配置することが有効です。

また、家族との関係を保つため、**特に単身赴任者の帰国の頻度を高めたほうがいい**と思います。ヨーロッパ企業では1～3ヶ月に1回、アメリカでは1ヶ月に1～2回という高い頻度で海外赴任者の帰国が認められています。

帰任後のフォローも重要です。アメリカ企業では、海外赴任を終えて帰国したら、その後のポストは複数の選択肢の中から本人が自由に選べる仕組みが作られています。対して日本企業では、帰国後のポジションが全くわからないまま海外で過ごさなければなりません。

現在、日本ではどこの企業でもグローバル人材が不足気味で、当初聞いていた赴任期間が延長されるというケースも目立っています。帰国後の処遇が決まっていないまま、長期にわたって海外現地法人で過ごす。いざ帰国しても、キャリアにふさわしいポジションやセクションに就けない。日本には引き取り手となるセクションがなく、宙に浮いてしまった状態になる。そんな悲惨なケースも見受けられます。

海外赴任が本人のキャリアになり、その後の処遇にも活かされる制度の整備がなければ、スキルの高い人材ほどヘッドハンティングによって転職したり、独立起業してしまい、企業にとっては優秀な人材の流出を招くことになります。

企業として積極的にグローバルビジネスを展開していくのであれば、帰任後のフォロー体制をきちんと築いておくことを忘れてはいけません。

まとめ

37 部下へのアドバイスは話を遮ってでもしよう

38 チャンスは３回。評価をする期限を決めよう

39 業務上で孤立させないよう工夫しよう

40 単身赴任者には帰国の頻度を高めよう

第7章

世界の人とうまくつき合うためのマナーとタブー

41 アメリカ

ルールを理解すれば、取るべき行動が見えてくる

アメリカで働く際に日本人が失敗しやすいのは、ルールにまつわることです。たとえばアメリカ企業におけるリーダーシップとは、部下の潜在能力を引き出し、その上で評価を行なうことと考えられています。そこをはき違えて「仕事をやれ」と言っても、誰もついてきてはくれません。

それと、レポートラインをしっかり理解していないことから起こる問題もあります。日本人の場合、職場のリラクゼーションスペースで他の部署の課長に会ってちょっとした相談をしたり、さらにはもっと軽い雑談を交わすことは日

常茶飯事です。ところがこれは、アメリカではご法度です。レポートラインで定められた上司以外にもし情報が漏れたりしたら、信頼関係にヒビが入って二度と一緒に仕事ができなくなってしまいます。

アメリカでは、上司と部下の関係、職務の範囲など、何から何までルールにのっとって決められています。ですから、**自分の近くの電話が鳴っていて、そのデスクの主が席をはずしていたとしても、電話を取ってはいけません**。私は最初そのことを知らずに、他部署から伝言を頼まれて「○○さんが、急ぎの用件があるって言っていました」と伝えたら、「留守電に入れて」と、相手に怒られたことがあります。

なぜそのデスクの主が留守電にわざわざ入れるよう言ったのかというと、自分の仕事でのやり取りが第三者に漏れ、仕事のフォローが十分ではないと言われたり思われたりすることを何よりも恐れているからです。

インセンティブの取り分についての問題もあります。

たとえば上司と部下で取引先に営業に行き、新しく契約が取れたら、多くの場合、インセンティブは上司に持って行かれます。「私が同行したおかげでこの契約が取れたんだから、インセンティブの7割は私が受け取り、3割は君にあげよう」などと言われます。そうならないよう「インセンティブをきちんと取るため、最後までひとりで責任を持ってやります」と言ってもいいのです。

アメリカ人は、特に商談に関しては、ビジネスの企画段階で収益性がすぐに見える案件でなければ乗ってきません。彼らに「Yes」と言わせたければ、こちらの提案が相手にとってどれだけの得があるのか、具体的な金額まで示して話をする必要があります。そうでなければ、その商談は前に進みません。見込みがないと判断すると、引きぎわもスピーディーです。

業界によって服装がはっきり分かれているのもアメリカ企業の特徴です。政府と取引がある保守的な企業の社員は紺のスーツに紺をベースにしたストライプのネクタイ、色も柄もない真っ白なシャツしか着ません。

一方、金融業界はビジネススーツもシャツも派手で、ニューヨーク五番街に行くと、同業界人がよく訪れる洋服店というのがあります。

型破りなのは西海岸の主にＩＴ企業で、短パンとＴシャツといった極端にカジュアルな服装でも誰も気にしません。全く自由です。相手とスムーズなコミュニケーションを取るなら、服装も合わせたほうがいいと思います。もし迷ったら、保守的なほうを選ぶのが無難です。

アメリカには、ご当地特有の雰囲気や習慣もあります。東部、中西部、南部、西部の地域で雰囲気はだいぶ異なりますし、都会と地方では人に接したときの感触に大きな差があります。たとえばニューヨークなど東海岸の都市で、テンション高く「How are you doing?」という挨拶をしながら陽気なカリフォルニア人のモノマネをすると、笑いを取れます。南部テキサス人のモノマネをするなら、挨拶は「Howdy?」がおすすめです。

42 中国

ストレートな感情表現には理詰めで対応

経済が成熟し、今や世界中から欠かせないマーケットとして注目されている中国。欧米や日本から数多くの企業が進出し、激しい競争をくり広げています。ただし中国は共産主義政治の国ですから、日本人には根本的に理解しがたいところが数多くあります。軍隊式の階層が色濃く反映された身分社会であることを頭に入れておいてください。

政府の高級役人ファミリーは一種の特権階級ですから、同等な会話はしづらいのが現状です。そのため同じ会社員であっても、企業内のポジションとは別に、会話の際の言葉遣いから話す内容まで気をつけたほうがいいと思います。間違っても、**政治のことや政策について言及してはいけません**。中国政府に関わることだけでなく、チベットの話題に触れるのもNGです。

以前、私は「チベットに行ったことがあるよね？　チベット、好きなんでしょう？」と話を振られたことがありました。このように**チベットに関わる話題を振られたら、絶対に本音を漏らしてはいけません**。ビジネスでは、「好き嫌い」に言及するだけでもリスクになり得ます。

実際に中国で仕事をしていると、思想や政治に絡んだ質問をされることが意外と多いことに気づきます。正面切って意見を求められるというわけではありませんが、それでも絶対に応じないこと。無言を通すことです。

また、日本人にはとうていわかり得ない人脈、人的ネットワークが中国社会にはあります。ビジネスの場では、人脈について情報収集を行ない、理解し、仕事を進める場合は人脈のキーパーソンに相談を持ちかけるとスムーズです。

賃上げの要求にはどう応じるか？

日本人が中国の現地法人のマネジメントで戸惑うのは、昇進や賃上げの交渉が激しいことです。日本の感覚だと、職場のポジションとかお金に絡む話は、人に聞こえる場所でしないものだと思いますが、中国人は、たとえばオフィスや通路の真ん中でも、同じ職場の人だけでなくゲストが居合わせている場であっても、全くためらう様子がありません。マネジメント職に就いていると、部下から「どうして僕はいつまでたっても昇進できないんですか？」「どうして私の給料はいつまでたっても上がらないんですか？」といった激しい訴えをぶつけられる場面も多く、私もコンサルティングをする中でよく「どうすれば彼らを静かにさせることができるんでしょうか」と相談されます。

中国人は感情の出し方がストレートで、日本人はそれだけで十分戸惑ってしまいます。対策としてはとにかく相手と正面から向き合い、理詰めで説明することです。相手のどこが力不足か、どうすれば昇進や昇給の対象になるのかといったことを、臆することなく、理路整然と言って聞かせれば、彼らは案外すんなり納得します。感情的な言い方に感情で応戦するのが一番よくないので、注意が必要です。

それから、日本人のマネジメント職が苦労するのは、現地スタッフが自分に非があっても認めず、ただ狡猾にしか見えない言い訳をすることです。謝罪することはほとんどないと思って間違いありません。彼らには彼らのスタイルや理屈があって、日本人には理解し難いところです。

日本の職場では常日頃から、何か言い返したくても黙って上の人の言うことを聞き、謝っておくという行動を取ることが多いと思います。このスタイルの違いは埋めようがありません。職位で納得させようとしないで、やはりキーパーソンを味方につけるなど、連係で解決というのが得策だと思います。

43 インド

意見のすり合わせには時間がかかると覚悟すべき

インド人はひとつの見方、やり方にこだわる傾向があるため、意見のすり合わせには、本当に時間がかかります。日本人同士なら30分～1時間程度で済む内容に、6時間を費やさなければ収束しなかったことがあります。

相手はとにかく、自分の理屈でとことん詰めてきます。その理屈を受け止めて、自分自身がわかるよう解釈するために要する時間も半端ではありません。日本人同士の場合の2～3倍と思っておいたほうがいいでしょう。相手は話し合いに全く抵抗がなく、納得するまで「なぜそうするのか」と何度でも質問をくり返します。ですからこちらもインド人と向き合うときは覚悟を決めてとことん話を聞き、納得させるという戦法をとらなければなりません。

このやり方は、正直に言えば、コストパフォーマンスが悪いです。あまりにも仕事が先に進まないので、相手に歩み寄り、折り合える点を提案しても、容易には納得してくれません。とにかく1点でもいい加減なところ、曖昧なところを残さずにすべてをすり合わせない限り絶対に動こうとはしないので、相当に難易度が高いと言えます。

最終的にビジネスパートナーに選ぶかどうかは、**早い段階で収益の上がるビジネスになるかどうかを考慮するといい**でしょう。

ビジネスのスタイルとして、インド人はイギリス式の商契約を結び、アメリカ式のビジネスライクな距離感を保ち、アジア式の言い訳や屁理屈で応戦してくるので、本当に一筋縄ではいきません。口数が多く、英語のなまりも強いので話が聴き取りにくいという難点があります。一方で、人として温かみのある人が多く、なんだか憎めないところもあります。

また、頭の回転がよく、戦略を立てることには非常に長けている民族であるとも感じます。その明晰な頭脳から、世界の著名な研究所では、インド人研究者のいないところはないほどです。利益に関する計算も速く、ビジネスを賢く展開しているというイメージです。

さらには多様な考え方、アプローチをする人が多く、慣れるまでは振り回されることも多いようです。一方で、一緒に仕事をすると、気づいたら多面的なものの見方ができるようになっていると感じます。インド人の、極度に幅広い多様性に鍛えられるからでしょう。インド企業とのプロジェクトが終了すると、ほっとする気持ちがある半面、少々物足りなさも感じてしまいます。

世界でもまれにみる人懐っこさ

ところが、脅威的な人懐っこさで、他人のプライベートにまでどんどん踏み込んでくるので、その点では扱いづらいところもあります。一度や二度断ったくらいでは全く動じる様子がありません。執拗《しつよう》になれなれしく、人の領域に入ってきます。人間の感情や趣味・嗜好など、理詰めで攻めてもどうしようもない領域でも、どこまでも理屈で攻めてきます。こちらが納得するまで止めようとしません。私自身も閉口したことがこれまでに数限りなくあります。

そのためこちらも相手の温度に合わせて、「ひとりにしてほしい」「しゃべり過ぎでうるさいから、いい加減に黙ってほしい」「もう十分だから止めにしてくれ」といったことを言い続けて、相手の行為を阻止するしかありません。**何度でもしつこく、大きな声で言い続けなければ、伝わりません**。インド人と接するときは、どうか覚悟しておいてください。

44 東南アジア諸国（フィリピン、マレーシア、タイ、インドネシアほか）

コツコツ仕事に取り組む勉強家

東南アジアの人たちは、日本人同様、農耕民族なので、比較的似たところがあると感じます。仕事に対してはコツコツ取り組み、勉強家。人を敬い、大切にする気持ちがあり、ふだんは感情を表に出さず、穏やかな傾向があります。私も何度も行ったことがありますが、日本から近距離で行けるのに加え、食べ物が美味しく、言葉も通じるという安心感があります。

ビジネスに関しては国によって異なりますが、欧米式の経営を行なっています。欧米諸国の植民地だった頃に形成された文化の名残が、ビジネスの世界にも見られます。マネジメントに関しても欧米式で、男女は平等に扱われます。便利なのは、東南アジアのビジネスでは、中学生レベルの英語、非ネイティブの学習プログラムを適用した、いわゆるグロービッシュがある程度通用する点です。グローバルビジネスにおいて最初に壁になる語学面で苦労が少ないということが言えるでしょう。

しかし、不用意に発言すると失敗します。現地のビジネスでは移動に社用車や自家用車を使います。運転手には現地ドライバーを雇うことが多いのですが、車の中で話したことがドライバーから会社に漏れるという事件がよくあります。私生活に関する情報も同様です。車は密室だと思って安心して機密事項をしゃべったり、プライベートの様子をさらけ出してはダメなのです。

東南アジアの中でもちょっと肌合いが違うのは、ベトナムです。近年、ベトナムに進出する企業もずいぶん増えましたが、日本人にとってはまだまだなじみがない国柄だと思います。経営者は良くも悪くもお金に対して貪欲で、商談の場でも綿密な情報収集を行ない、抜け目なく立ち回ります。日本人は、あまり人のいい面ばかり見せないようにしたほうがいいでしょう。

シンガポールには、古い時代から続く民族間の軋轢《あつれき》がいまだに尾を引いています。社会を構成しているのは、中国系、インド系、マレー系の主に3民族。ビジネスの場を仕切っているのは中国系が中心です。表面上は日本人に対して従順な態度を見せていますが、本心は必ずしもそうではありません。マネジメントを行なう場合は特に、できるだけ現地の仕事の進め方に合わせた運用をするべきでしょう。

また案外知られていませんが、シンガポールの社会では、公安が活動しているというのも有名な話です。街中での不用意な発言には気をつけてください。

なお、日本企業の現地法人は、現地では「なかなか昇進できない」という評判が立っていて、残念なことにあまり人気がありません。

近年、大企業だけでなく、中小企業でも東南アジア進出に乗り出すところが増えています。成長中の東南アジアに活路を見出すということで、行政などでも現地情報を出したり、様々な支援を行なうなどのサポートに取り組むところが目立ってきています。

確かに先ほどもお話した通り、グロービッシュが通用するなど、ビジネスを展開しやすい面がいろいろあることは事実です。しかし、やはり外国なのですから、現地に敬意を表し、あくまでも現地の方法に合わせた仕事の仕方をしなければうまくいきません。

東南アジアの人々は他人を敬い、自分の感情を表に出さず、基本的には控えめな態度です。その分、一度感情が爆発すると誰にも抑えられないくらいの激しい表現をすることもあります。特に、人前で叱る、裏切るといった行為を許せず、恨みに思い、ともすると殺傷事件に発展することもあります。

ですから、一緒に働く際には、人前で苦情や小言を言わない、一度約束したのに信頼を裏切るような行為はしない、といったこまやかな気遣いが必要であることを覚えておいてください。

45
ＥＵ諸国（フランス、ドイツ、イギリス）

理論、理由がなければわかってくれない

ＥＵ諸国では個人主義が徹底していて、互いのプライベートを尊重しています。人のことにいちいち首を突っ込むことはないので、ある面では気楽かもしれません。飛行機の中で席が隣り合わせになっても、気軽に話しかけたりはしません。そのあたりの感覚は日本人と同じです。

アジア人に対しては国や人種によって異なるイメージを持っており、接し方を変えているようです。日本人との仕事では、「チャイニーズ？　コリアン？　ジャパニーズ？　それぞれビジネスの仕方はどう違うのか」と最初から多様性

を前提とする質問が一般的です。

論理的思考の完璧度が一番高いのはEU諸国の人たちです。その意味では、論理的思考の訓練ができていない日本人にとって、もっとも手ごわい相手かもしれません。とにかく「理」と「利」のないものには見向きもしません。合理性、生産性、時間当たりの収益性には敏感で、完成度が低く緩いシミュレーションで商談やプレゼンテーションに臨んだら、取りつく島がありません。

ヨーロッパ人の論理的思考の基礎にあるのは西洋哲学です。特に、前にもお話しした帰納法と演繹法は重要です。

中でもドイツ人は、一分の隙もなく論理で固めて話を展開するというきわだった特徴があります。「行間を読む」などという発想は全くないと思っていいでしょう。話に少しでも含みや澱《よど》みがあれば、必ずと言っていいほど「わからない」と言われます。まさにバッサリ切って捨てられる感じです。

実は、日本の近代国家成立においては、政治や法律の面でドイツをお手本にしているところがたくさんあります。ドイツ人に、さらにものづくりの価値や製造業の目指すところを聞けば聞くほど、基本的な土台が似ています。それなのに、ものの見方、物事の進め方は全く相容れないのです。

フランス人は子どもの頃から徹底的に演繹法を叩き込まれます。ですから、子どもの作文から新聞記事まで、文章という文章はすべて演繹法を土台に書かれています。日本人にとっては、新聞を読むだけで大変違和感があります。

ともあれ、ヨーロッパ人に対しては、論理的思考に沿った話し方をしなければ、どれだけ語学が堪能でも「あなたの話はわからない」と言われてしまうことは間違いありません。現地に入る前から論理的思考に当てはめて文章を作り、話をするというクセづけをしておかないと後に苦労することになります。

理由のない行動も、全く受け容れてもらえません。

ヨーロッパを旅行する際、たまたま飛行機や鉄道を乗り換えるために降りて、時間があったので街に出てみたということは、日本人なら普通にあると思います。ところがこういうとき、「なぜ遠い日本からわざわざ来たのか」と聞かれて「特別な理由はありません」と答えてしまうと、現地では理解されづらいことが多いのです。**ヨーロッパでは、目的と行動がつながっていることが大前提です**。「はじめての訪問でどんな街なのか好奇心があって」というように、**何か理由づけをしないと納得してくれないことが多々あります**。

またビジネスの場では**チームプレイを重視する傾向**があります。メンバー全員でスキルを高め合える仕組みとか、関わった誰もが得をする「Ｗｉｎ－Ｗｉｎモデル」を構築して仕事を進めることがうまくいくコツです。

組織を動かす際も、きっちりした運用方法、業務を進めるルールなどが決まっていることが必要です。「ここはあえて言わなくても伝わるだろう」と考えてはいけません。**伝えたいことは言葉にして１００％伝えるようにするべき**です。

46 中東圏諸国（UAE、サウジアラビアほか）

約束、契約の概念がない

中東アラブ圏の人たちは、家族思いで弱者の人々への気遣いがある一方、人をだましたり嘘をついたりすることが身についていて、日本人が理解しにくいタイプと言えるでしょう。気性が荒く、感情の起伏も激しいと言えます。

表面的には親切ですが、お金に対しては鋭い感覚を持っていて、つかんで離さないという一面もあります。一緒に仕事をしていても、お金に対していったいどのような感覚を持っているのか、いまだに探りかねる部分があります。

中東は経済格差が激しい地域です。

たとえば、産油国というリッチなエリアで商談をして驚くのは、金銭的には超倹約派で、すべてのものは「必要最小限でよし」という価値観がビジネスにおいて強いということ。**ビジネスの成否は安いことがすべてに最優先します**。確かに、空港などの公共の建物や設備を見ても「安くてそこそこ」の質感で、日本のように質の良いものは見られません。

他方、街の商店街のようなところで「君が気に入った。君の言い値を支払うから、これを買ってくれ」と言われたとしましょう。当然、「本当に言い値でいいの?」と聞きます。「いいよ。いくらにする?」そこですかさず、「8000円」と言ったとします。「オーケー、それでは8000円で」。そこで商談成立のはずです。しかし実は彼らは胸のうちで、30000円が妥当だと思っていたとします。モノを引き渡し、いざ代金を受け取る段になると、こう言われます。「実は○○にコストがかかったから、あと5000円くれる?」

事実、アラブ圏の人たちと仕事をしていると、これに似たようなことはよくあります。提示された金額を支払うと、「あとこれだけ支払って」と言われるようなケースです。「それなら最初からアディショナルコストがあるって言っておいてよ！」と、思わず叫んでしまう場面も今までにありました。

ほかにも、旅行会社と建築会社を営む会社の社長と現地で知り合いになり、日本での販路開拓と提携先探しについて相談を受けたことがあります。はじめて対面した相手なのに、どんどん話が進みます。最後は自分の親族の家に泊まりなさい、うちの家族が面倒を見ますと、あれこれ親切な申し出を受け、戸惑いました。悪意はないようですが、最後に挨拶に行った際には、うちの甥を日本に連れて行ってくれないかという話まで持ち出され、四苦八苦しました。

親切にしてくれたかと思えば、法外としか思えない料金を請求されることや想像を絶するお願いをされることもあります。いざお金の話をしはじめると、まるで遠慮がありません。直球で「いくら払え」ということを言われ、もしそれに応じなければ力ずくでも、という怖い態度も見え隠れします。ホテルなどで、アラビア語で何かをまくしたてられるときはたいていお金のことで、「すぐ払え」「きちんと払え」などと念を押されることがほとんどです。

また、商談で、商品の品質についての確認事項を質問すると、「すぐに確認して返信します」という言葉が返ってきます。しかしその後、何の音沙汰もないことがよくあります。何度もメールすると、「わかった、すぐやるから」と返信は来るので、悪気はないのです。しかし求める返答が来る気配はありません。

約束をしても平気で破るので、約束するという概念がないと気づきました。契約しても、簡単にひっくり返されます。アラブ人にとって契約は約束ではなく、単なる確認のような感じなのです。取引をする場合は、最初に何もかも取り決めておくだけでは全く足りません。きちんと文書に書き残しても、相手の気が変わることがあります。**文書を「証拠」として突きつけて、粘り強く説得しないことにはとても太刀打ちできません。**いずれの中東での交渉事も、とにかく腹を据えてしっかりと行なうことです。日本人にとって言いづらいこともズケズケと言い、絶対に相手に屈しない態度で、ちょうどいいのではないでしょうか。

まとめ

41 アメリカではルールに則って行動しよう

42 中国で思想や政治関連の質問をされても、無言を通そう

43 インドは意見のすり合わせに時間がかかると覚悟しよう

44 東南アジアでは特に、信頼を裏切ることはしない

45 ヨーロッパでは、目的と行動がつながっていることが大前提

46 中東でのビジネスの成否は、「安いこと」が最優先

おわりに

グーグル、フェイスブック、マイクロソフト、ＩＢＭ……世界的なＩＴ企業が現在、こぞって多額の投資をしている研究テーマが、人工知能です。この研究分野の権威とされ、グーグルの研究にも参画している発明家で未来学者のレイ・カーツワイル氏が、２０４５年には人工知能が人間の知能を越えると予測し、世界に大きな衝撃を与えています。

ＩＴの進化により、ここ数年だけでも、私たちの生活は大きく変化しました。ビジネスパーソンのみならず、子どもから高齢者まで、多くの人が常に、スマートフォンやタブレットを手にしています。そこには、インターネットを介して世界中の情報が時々刻々と、大量になだれ込んできます。

また、フェイスブックやツイッターで、あまりにも簡単に世界中の人とつながることができるようになりました。商品を売るためのマーケティングや販路拡大も、それらのメディア抜きには考えられなくなっています。

しかし、だからこそ私が最近強く感じるのは、ビジネスは結局のところ人と人とが向き合って行なうものだということです。

私はこれまで、40ヶ国以上の人たちとビジネスをしてきました。それぞれ、日本人の私とは違ったバックボーンやカルチャーを持っています。それが一緒にビジネスをするうえで邪魔になるかというと、そうではありません。

互いに違った人間だからこそ、相手をリスペクトし、コミュニケーションを取り、信頼に足る人物かどうかを見極めていくことが重要なポイントになります。そのことさえ忘れなければ、ビジネスをするうえで、異なるバックボーンやカルチャーを格別に意識する必要はなくなるのです。

実は、日本の若手ビジネスパーソンが、「海外に赴任して新規事業を立ち上げる」というミッションを受けているにもかかわらず、現地で生きた情報を収集できずに立ち往生してしまうという話を、よく耳にします。彼らにとって情報とは、スマホやタブレットに自然に流れ込んでくるものという認識なのかもしれません。だから、現地で足を使い、生身の人間とコミュニケーションを取って、情報を集めることができないのではないかと思います。

海外で働くということは、国籍も、仕事に対する考え方も全く違う人と、フェイストゥフェイスのコミュニケーションを重ねていくことにほかなりません。そして相手を理解し、信頼関係を築いていくことなのです。

私自身、長年にわたり海外で様々なものを見て、聞いて、触って、人々と語り合うことで、自分とは違う人生観や価値観を知りました。世界中に、国籍も人種も違う友人もたくさんできました。そうなってみてはじめてわかることが、本当にたくさんあります。

本書を読んだみなさんには、大いに刺激を受けて、日本を飛び出し、広大な世界のマーケットで自分の職業を見つけ、キャリアを形成していただきたいと考えています。しかしその前に、本来、人と人とが行なうべきコミュニケーションを、どうか忘れずにいてほしいという思いも強くあります。そして、どんなにＩＴが進化し、便利なツールが現れてきても、現地で自らが体験し、実感し、吸収する以上のものは得られないと確信しています。

どうか、世界のどこにいても、自ら考え、決断し、行動する人でいてください。そうすればきっと、成功を手にすることができるはずです。

白藤　香

２０１５年８月

SPC CONSULTING USA ラボ所長
グローバルビジネスコンサルタント
白藤 香（しらふじ・かおり）

学習院大学大学院経済学研究科博士課程後期単位取得満期退学。日・欧・米上場企業に勤務し、日本・北米・台湾でマネジメントを経験後、01年独立。グローバル市場で新事業・新市場開拓を企画立案から立ち上げまで一貫して行なう戦略コンサルティング、並びに海外法人＆プロジェクトにおける多国籍人事組織コンサルティングを実施。国内では大手上場企業をクライアントとし、これまで12業界の契約を手掛ける。事業詳細は、SPCC TOKYOで検索可能。著書に『海外勤務を命じられたら読む本』（KADOKAWA）がある。

90日間で世界のどこでも働ける人になる!

2015年9月5日　初版発行

著　者　白藤　香
発行者　野村直克
発行所　総合法令出版株式会社
〒103-0001 東京都中央区日本橋小伝馬町15-18
ユニゾ小伝馬町ビル9階
電話　03-5623-5121

印刷・製本　中央精版印刷株式会社

落丁・乱丁本はお取替えいたします。

ISBN 978-4-86280-466-2

総合法令出版ホームページ　http://www.horei.com/